교수법 연구자를 위한
프랑스어 교육 입문

교수법 연구자를 위한

프랑스어 교육 입문

김미연 지음

이 책을 집필하고자 마음먹은 것은 순전히 외국어 교육에 대한 관심에서였다. 어찌어찌하다 보니 전공인 프랑스어 외에도 영어와 일본어를 공부하게 되었고 또 가르치게도 되었다. 영어는 그야말로 온 국민이 학습 광풍에 휩싸인, 한마디로 국민의 외국어이기 때문에 많은 교수법이 개발되었고 구어 능력 향상을 위한 강좌도 많다. 그러나 이런 열기에 비해 유학이나 어학연수를 다녀온 사람 이외에 유창하게 말하는 사람은 찾아보기 힘든 것이 현실이다. 최근 외국어 교육을 둘러싼 여러 가지 사회적 환경과 분위기는 구어 의사소통 능력을 함양하지 못하는 교육을 죽은 교육으로 간주하는 경향을 보이지만, 실제로 도입 시기가 빠르고 학습시간이 훨씬 많은 영어 과목에서조차 학교 교육만으로 의사소통의 목적을 완전히 달성하기가 어려운 것이 현실이다.

여러 개의 외국어를 공부하면서, 한 개인이 모국어가 아닌 다른 언어를 배울 때 각자가 가지고 있는 모국어 능력 이외에 목표어가 학습자의 모국어와 얼마나 다른가 하는 점이 목표어 학습에 커다란 영향을 미친다는 사실을 분명히 알게 되었다. 모국어와 목표어의 상관관계에 따라 언어 학습 과정에서 학습자가 들여야 할 노력과 학습시간이 달라진다. 아무것도 모르는 완전한 백지 상태에서 새로운 언어를 공부할 때 우리는 흔히 이미 알고 있는 언어적 지식에 기대려고 하는데, 프랑스어를 공부하는 사람이라면 누구나 한 번쯤 느꼈겠지만, 프랑스어는 모국어인 우리말과 다르고 초등학교 이전부터 강조되어온 영어와도 달라서 학습의 준거가 될 만한 모델을 찾기가 힘들다. 새로운 언어를 알아가는 과정은 매우 흥미롭고 즐겁지만, 프랑스어의 경우 수년간 학습했다 하더라도 별도의 노력 없이 '말하기'는 매우 어렵고 구어에 이르기까지는 많은 학습시간이 필요하다.

그간 우리의 외국어 교육은 전통적 교수법과 구조주의적 방법론, 변형생성문법에 기초한 교수이론을 적용하였다. 그러나 외국어 교육이 성공적이라는 평가를 얻고 있지 못한 이유는 교수·학습 목표 및 내용 결정에서 개별 학습자의 흥미나 요구, 목표어 사용기회, 언어 학습과정, 언어 학습환경을 고루 고려하지 못했기 때문이다. 교육에서 이상과 현실 사이의 괴리는 언제나 우리가 고민하는 문제이다. 20년 이상 고등학교 외국어 교육에 적용된 의사소통 교수법은 현재 우리나라 상황에서는 현실보다 이상에 가깝다. 학생과 교사들은 모두 의사소통 능력 함양이 이상적인 교육목표라고 생각하지만 학교 교육만으로 그 이상에 도달할 수 있다고 믿지는 않는다. 그런데 이러한 정도는 예를 들어, 목표어와 모국어 사이의 유사성이 많은 일본어보다 프랑스어에서 더욱 심하다고 할 수 있다. 프랑스어 학습자들이 동일한 시간 내에 일본어 학습자와 같은 수준의 발음과 어휘, 문법, 의사소통 기능을 학습하고 같은 수준의 의사소통 능력에 이르기란 힘들다. 또 언어의 듣기, 말하기, 읽기, 쓰기의 네 가지 기능에서도 같은 학습시간 내에 도달할 수 있는 수준이 다르다.

외국어 가운데 한국인들이 가장 쉽게 느끼는 일본어의 경우, 배우기도 쉽고 가르치기도 쉽다. 두 언어를 직접 배우고 가르쳐 본 결과, 프랑스어 수업보다는 일본어 수업에서 학습 내용의 전달과 수업진행이 수월했고 학생들의 수업참여를 이끌어내기도 훨씬 쉬웠다. 우리말과의 유사성 때문인데, 그렇다면 모국어가 학습에 미치는 영향은 어느 정도일까. 또 한국어와 목표어 사이의 거리나 유사성이 외국어 학습에 어떻게 작용할까. 이러한 의문은 학생들을 가르치는 내내 가장 흥미로운 관심사가 되었다. 이 의문에 대해 숙고하기 위해 외국어 교육과 박사과정에서의 논문 제목을 '한국 일반계 고등학교 학습자를 위한 프랑스어와 일본어 교수·학습 방안 연구'로 결정하고 현재의 외국어 교육 상황 전반을 알아보는 한편, 서양언어인 프랑스어 학습자와 동양언어인 일본어 학습자의 학습 동기와 요구를 분석하고, 또 이들이 범하는 오류 양상을 규명하고 비교하여 초급 학습자들에게 필요한, 행위 중심 관점에 기반한 새로운 교수·학습 방안을 제시하였다.

　이 책은 논문 가운데 프랑스어 부분만을 발췌하여 보완한 것이다. 논문이 프랑스어와 일본어 교수·학습의 비교인 만큼 서술이 매우 복잡하고 각 분야 전공자들이 읽기에도 부담이 있어서 오래전부터 언어별로 따로 정리하고 싶은 마음이 있었는데 이번에 프랑스어 부분을 정리하여 출판하게 되었다. 이 책이 프랑스어를 처음 시작하는 고등학생이나 대학생, 성인 학습자, 그리고 학습자 오류 양상과 외국어 교수·학습을 연구하는 연구자들에게 도움이 되기를 바란다.

○ 책의 구성

이 책은 5장 및 부록으로 구성되어 있다.

○ 연구범위

의사소통 접근법에 근거한 제7차 교육과정 아래에서 프랑스어를 학습한 초급 수준의 고등학생을 대상으로 학습 동기, 학습자 만족도와 태도, 오류를 조사하였다. 그리고 여기에서 나타난 문제점을 해결하기 위한 새로운 수업모델로서 행위 중심 관점에 의한 교수·학습 모델을 구상하고 제시하였다. 행위 중심 관점은 교수·학습 과정을 새로운 시각으로 접근하고 실천하려는 이론이므로 지금까지 가르치고 배웠던 것과 전혀 다른 언어내용을 제시하는 것은 아니다. 단지 강조점과 실천 방법이 다를 뿐이다.

○ 참고문헌

이 책의 마지막 부분에 있는 참고문헌은 '국내서적 및 논문', '외국서적 및 논문', '교육부 자료', '교과서', '인터넷 자료'로 구분하였고 가나다순 혹은 알파벳순으로 배열하였다.

○ 유의점

이 책은 논문 「한국 일반계 고등학교 학습자를 위한 프랑스어와 일본어 교수·학습 방안 연구」에서 프랑스어 부분만을 발췌하여 보완한 것이며 논문은 프랑스어와 일본어 교육의 비교 관점에서 출발한 것이라는 점을 밝혀둔다.

○ 용어 설명

- **교수요목**(syllabus): 단원별로 무엇을 어떻게 가르칠 것인가를 목록화한 것. 문법적 순서에 따른 교수요목, 의미와 기능을 중심으로 한 교수요목 등이 있다. 단원이 구성되기 위해서는 서로 논리적 연결성(cohérence)을 가진 장소·시간·인물·주제 등이 필요하다.
- **교육과정**(curriculum): 중등학교에서 달성해야 할 교육목적과 교육목표를 국가적 수준에서 결정하고 교과의 편성과 운영에 관한 공통적이고 일반적인 기준들을 제시한 것이다. 교육목표의 확인과 선정, 학습경험의 결정과 조직, 선정된 학습경험의 실제 교수·학습, 교육목표의 달성 여부에 대한 확인 작업이 순환구조로 이루어진다.
- **동질언어 학습환경**(contexte homoglotte): 미국·영국·캐나다·호주에서 영어를 배우는 것과 같이 해당 언어가 사용되는 국가에서 언어를 배우는 경우의 학습환경을 의미한다. 이질언어 학습환경(contexte hétéroglotte)과 대립되는 개념이다.
- **목표어**(langue cible): 목표언어. 교수·학습의 대상이 되는 언어. 모국어 이외에 학습자가 배우고자 하는 언어를 의미한다.
- **습득**(acquisition): 학습자의 언어가 정보처리와 기억과정을 거쳐

언어적 지식과 의사소통 능력에서 일정 수준에 이르게 되는 것. 의도적인 학습(apprentissage)과 구별되는 개념이나 이 두 개념이 항상 분리되어 있는 것은 아니다.

- **시청각 교수법**(Méthode Audio – Visuelle): 시청각 기자재를 이용하여 듣고 본 것을 이해하고 말하는 방식의 교수·학습법. 청화식 교수법과 같이 행동주의 원리에 근거하고 있다. 약어 MAV.

- **실재성**(authenticité): 사실적이고 살아 있으며 자연스러운 표현, 교육을 위한 의도와 징후가 드러나지 않은 것, 잘리거나 조작되지 않은 것. 자료의 실재성뿐만 아니라 언어 생산과 수용 조건 전체 및 교실 내에서 학생들에게 요구되는 임무의 실재성을 의미하며 실제성이라고도 한다.

- **실재자료**(matériel authentique): 실재성이 있는 자료. 신문, 잡지, 메뉴, 광고, 드라마, 영화 등 원어민이 실제로 사용하고 보고 듣는 있는 그대로의 자료. 제작자료인 교과서와 구별되며 실제자료라고도 한다.

- **언어의 네 기능**(fonctions de communication): 듣기, 말하기, 읽기, 쓰기.

- **언어재료**(matériels linguistiques): 철자, 발음, 어휘, 문법, 의사소통 기능, 문화 등 현재 교육과정이 정의하고 있는 언어 학습 및 사용에 요구되는 재료들을 의미한다.

- **언화행위**(acte de parole): 발화자 A와 수화자 B 간의 의사소통 행위. 의사소통 기능을 실행하는 행위를 의미한다.

- **오류**(erreur): 외국어 습득과정에서 모국어의 영향이나 목표어 내 규칙의 혼동으로 인한 잘못. 일정한 학습 시기에 지속적으로 나타나므로 일회성인 실수(faute)와 구별된다.

- **의사소통 능력**(compétence de communication): 문법적인 문장을 이해하고 생산하는 능력인 언어능력 이외에 언어사용과 관련된 심리적·문화적·사회적 규칙을 알고 실제 사용할 수 있는 능력을 의미한다.

- **의사소통 기능**(fontion communicatif): 언어를 통해 하고자 하는 것, 수행하고자 하는 것. 학습자가 습득해야 할 언어재료 중 하나로 인사·소개·감사·확인·동의·사과·제안·거절 등의 언어 기능을 의미한다.

- **의사소통 접근법**(Approche Communicative): 전통적 교수법이나 행동주의 원리에 근거한 교수 이론을 거부하고 언어 자체를 아는 것뿐만 아니라 언어 사용규칙을 알아 실제 언어를 사용하여 의사소통의 목적을 달성하는 것을 중요시하는 교수·학습 이론을 의미한다. 약어 AC.

- **이질언어 학습환경**(contexte hétéroglotte): 한국에서 영어나 프랑스어를 배우는 것과 같이 해당 언어가 사용되지 않는 국가에서 언어를 배우는 경우의 학습환경을 의미한다. 동질언어 학습환경(contexte homoglotte)과 대립되는 개념이다.

- **전통적 교수법**(Méthode Traditionnelle): 전통적으로 외국어 교수법에 적용되던 방식으로 어휘와 문법 중심의 번역식 교수 방법을 의미한다. 수업은 교사의 설명 위주로 이루어진다. 약어 MT.

- **제2외국어**(deuxième langue étrangère): 우리나라 교육과정에서는 영어를 외국어 혹은 제1외국어로 취급하며 그 이외 외국어들을 제2외국어로 분류하고 있다. 우리나라에서만 사용되는 특수한 용어라고 할 수 있다.

- **청화식 교수법**(Méthode Audio – Orale): 듣고 따라 하기 방식의 교수법으로 암기를 위주로 한다. '자극-반응-강화'라는 행동주의 학습이론에 근거하고 있다. 약어 MAV.
- **학습**(apprentissage): 일정한 언어 지식과 의사소통 능력에 이르기 위한 학습자의 의식적이고 자발적이며 관찰 가능한 행동. 자연스러운 습득(acquisition)과 대립되는 개념이다.
- **학습자 태도**(attitude des apprenants): 외국어 학습자의 표상·동기·요구·인지 능력 등을 모두 포함하는, 학습에 임하는 학습자의 정의적·인지적 상태를 모두 포괄하는 개념을 의미한다.
- **행위 중심 관점**(Perspective Actionnelle): 단지 의사소통만이 아니라 의사소통을 통한 행위 목적의 달성을 중요시하는 관점이다. 약어 PA. 교수이론으로는 행위 중심 접근법(Approche Actionnelle)으로 명명된다. 약어 AA.
- CECR: 2001년에 발간된 언어 교수·학습·평가를 위한 유럽 공통 참조 기준.
- FLE: 외국어로서의 프랑스어. Français Langue Etrangère의 약어.
- L1: 학습자의 제1언어로서 주로 모국어를 의미한다.
- L2: 제2언어, 모국어 이외에 학습자가 필요에 의해 배우거나 사용하고 있는 다른 언어를 의미한다.

제4부 프랑스어 학습자 오류

제5부 행위 중심 교수 · 학습 모델

제1부

외국어 교수법

교수법이란 말 그대로 교수 기법, 즉 가르치는 방법을 의미한다. 좀 더 넓은 의미로 보자면 20세기에 등장한 응용언어학의 한 분야로서 언어학에 일반 교육학과 심리학·사회학·기술공학 등이 결합된 교수이론이라고 할 수 있다. 학습에 영향을 주는 교사들은 어떠한 방식이든 자신만의 방법으로 수업을 진행하게 되는데, 이는 의식적으로든 무의식적으로든 그 시기에 지배적인 교수이론의 영향을 받고 있다. 따라서 교사의 영향 아래 있는 학습자 역시 특정 교수법에 의해 좌우되는 학습을 하게 된다. 교육목표와 교육내용, 교수·학습 방법이 명시적으로 규정되어 있는 제도권, 즉 학교의 교수·학습에서 이러한 현상이 더 두드러지게 나타난다. 그러나 제도권 밖 교육, 즉 알리앙스와 같은 사설 외국어 교육기관의 교수·학습 역시 일정 교수법에서 벗어나지는 못하다. 이 기관들이 채택하는 교재들이 시대를 지배하는 교수이론에 기초하여 집필된 것이기 때문이다.

그렇다면 먼저 우리의 외국어 교수·학습에 영향을 주는 교수법에는 어떤 것들이 있는지 알아보도록 하겠다.

1. 전통적 교수법(Méthode Traditionnelle, MT)

전통적 교수법은 로마제국의 멸망 이후 사어(langue morte)가 된 라틴어의 학습 방법에 기원하고 있다. 중세 말과 르네상스 시기에 이르는 동안 라틴어는 일상생활에서 사라져 구어로서의 위치를 상실하고 문학작품이나 성서에서만 남게 되어 라틴어 학습은 곧 번역을 의미하는 것이 되었고, 이러한 언어교육의 습관은 전통적 교수법이라고 하는 문법-번역식 교수법의 성립으로 이어지게 되었다.

전통적 교수법에서 교사는 목표어의 내적 구조를 설명하고 모국어로 번역하는 역할을 담당한다. 따라서 수업은 교사가 문법규칙을 설명하고 문법언어를 사용하여 언어를 설명하는 방식으로 이루어진다. 또 목표어로 된 문장을 이해하기 위하여 한 글자씩 모국어와 대응시키며 번역하게 된다(Henri Besse, 1985:26). 전통적 교수법은 외국어를 실용성을 가진 도구로 보는 것이 아니라 학문적 탐구의 대상으로 보기 때문에 이에 따른 외국어 교수·학습은 학문의 연마와 정신의 고양이라는 측면이 강하다.

교사가 수업의 주도권을 갖는 전통적 교수법은 현대적 제도 교육이 시작된 이후 오랜 기간 한국의 외국어 교육에 적용되었기 때문에 학교 외국어 교육의 변화에도 불구하고 현재까지 많은 교사의 수업 습관으로 남아 있다고 볼 수 있다. 학교의 교육은 단지 실용성만을 목표로 하는 것이 아니므로 전통적 교수법은 제도권 내 학교의 교수·학습 정신과 일치하는 측면이 있다. 그러나 문법 설명과 번역을 주로 하는 수업은 문어에서 구어로의 이행을 어렵게 하여 외국어를 배운 후에도 목표어를 사용하는 사람과 실제로는 의사소통을 하지 못하는 결과를 가져온다. 또 이러한 수업의 결과 학습자들이 학습에 흥미를 갖지 못하게 되어 학습 동기 지속 및 학습 효과 면에서도 문제가 발생한다.

2. 청화식 교수법(Méthode Audio-Orale, MAO)

청화식 교수법은 예일대의 Bloomfield, Sapir, Boas와 같은 언어학자들이 'The ASTP, The Army Specialized Training Program'이란 제목으로 연구하고 개발한 방법론으로 원래 제2차 세계대전 당시 군인들이 파병된 지역의 언어를 가능한 한 빨리 배울 수 있도록 연구된 교수법이다. 그런데 1950년대 이후에 Lado, Fries, Brooks, Politzer와 같은 응용 언어학자들의 연구에 힘입어 군대뿐만 아니라 학교와 일반 대중에게도 큰 호응을 얻어 확산되었다.

구조주의 언어학과 Skinner의 행동주의 학습이론을 바탕으로 한 이 이론에서는 언어습득을 '자극-반응-강화'의 반복에 의한 습관의 형성이라고 본다(Germain, 1993:141). 문어보다 구어를 중시하며 언어의 구조에 바탕을 둔 문형 연습을 강조하며 이 구조가 자동화되어 발현되기를 기대하는 방식이다.

청화식 교수법의 원칙은 다음과 같다.

① 문어보다는 구어가 중요하다.
② 따라서 어린아이가 언어를 배우는 순서인 듣기-말하기-읽기-쓰기 순으로 가르친다.

③ 모국어가 간섭을 일으키므로 교실에서 모국어 사용을 제한하고 가능한 한 목표어로 대화한다. 한편 교사는 모국어와 목표어를 대조 분석하여 학습상의 문제점을 추출하고 지도한다.

④ 문형 연습이 가장 효과적인 외국어 습득 방법이다. 구체적으로 치환·확장·축약·변형 등과 같은 방법으로 연습한다. 학습자가 즉각적이며 습관적으로 대답하는 기계적인 행위의 습득을 위해 문장에 대한 반복 연습이 중요하다. 따라서 수업은 여러 번 반복하여 듣고 이를 따라 하고 암기하는 방식으로 이루어진다.

<그림 1> 치환연습의 예

Elle va à	l'école. la cafétéria. l'épicerie. la boulangerie.

⑤ 어휘 수를 제한하고 문법에 대한 직접적인 설명을 피한다.

⑥ 교사는 좋은 발음의 모델이 되어야 하고 그렇지 못할 경우 녹음기를 사용한다. 학습자는 교사나 녹음기를 따라 하는 방식으로 정해진 문형을 연습한다.

⑦ 학습자가 능동적으로 참여하도록 하기 위해서는 어학실습실이 필수적이다.

⑧ 읽기, 즉 독해보다는 실제 말할 수 있어야 한다.

⑨ 언어는 신체의 기관 중 귀와 입을 통하여 실현되므로 교재는 청화식에 중점을 두며 듣기와 말하기 능력을 기르는 데 주력한다.

그러나 청화식 교수법이 학교에서는 군대에서와 같은 효과를 거두지 못하였는데, 이는 청화식 교수법이 학습 동기가 강한 소규모 성인 학습자 그룹, 하루 4~5시간의 집중교육, 전문적인 교사와 원어민 등의 조건이 갖추어졌을 때 효과적인 교수법이기 때문이다. 따라서 1960~70년대에 이르러 다음과 같은 비판에 부딪히게 된다.

① 어학실습실에서 정해진 구문을 연습한 학습자들이 실제 상황에서는 제대로 발화하지 못하는 경우가 많다.
② 언어 학습 초기에는 효과적이지만 반복이 많아 중급자나 상급자들에게는 너무 지루하고 비효율적으로 느껴진다.
③ 언어의 사용을 강조하지 않고 용법만을 강조하여 언어 사용을 가르치지 않고 용법만을 가르친 결과를 가져왔다.
④ 획일적이고 동일한 형태의 언어만을 가르쳐 다양한 언어 사용에 대해 고려하지 못하는 결과를 가져왔다.

오늘날 이 교수법은 초급 학습자가 외국어의 기본 문형을 익히는 데 효과적이라고 받아들여지고 있다. 그러나 반복되는 문형 연습은 다양한 문장 생성에는 도움이 되지 않고 학습자들을 지루하게 만들기 때문에 초급을 벗어난 학습자들에게 적용하기는 어렵다.

3. 시청각 교수법(Méthode Audio-Visuelle, MAV)

구조 총체 시청각 교수법(méthode structuro-globale audio-visuelle)이라

고도 불리는 이 교수법은 미국에서 개발된 청화식 교수법에 자극을
받아 1950년대 중반 유고슬라비아 자그레브대학의 Peter Guberna와
프랑스 셍클루 고등사범학교의 Paul Rivenc이 기본 원리를 정리한 것
이다. 청화식 교수법과 마찬가지로 구조주의 언어학과 행동주의 심리
학을 기초로 하고 있지만, 발화자의 시청각 지각과 발화 상황에 대한
총체적인 이해를 중시하면서 언어의 개인적인 측면과 감정적인 요소
에 주목한다는 점이 다르다. 요컨대 시청각 교수법은 군대식 반복 연
습의 단점을 개선하고자 학습자들에게 배운 어휘와 문형을 활용할
수 있는 시각적 도구를 주어 스스로 문장을 만들어내도록 유도하려
고 한 것이다.

원칙으로는 다음과 같은 것들이 있다.

① 언어는 하나의 구조이므로 처음부터 따로 떨어진 어휘가 아니
   라 문장을 가르친다.
② 언어는 의사소통의 도구이므로 번역을 피하고 일상생활의 언어
   를 대화(dialogue) 형식으로 가르친다.
③ 언어학습은 의사소통 상황에 개입되는 언어적 요소와 비언어적
   요소(억양·리듬·몸짓·표정), 심리적이고 감정적인 요소를 총
   체적으로 포착하는 것이다.
④ 학습요소의 총체적인 포착을 위해 그림을 이용한다.
⑤ 학습 어휘 수를 정하고 문법은 전통 문법교육 방식에 따라 쉬운
   것부터 어려운 것으로 점진적으로 가르친다.

단점으로는 다음과 같은 것들이 있다.

① 빈도수에 따라 학습 어휘를 선정하고 이 범위 내에서 문장을 만들어 가르치려고 했으나 선정된 어휘들이 시간이 지남에 따라 잘 쓰이지 않게 되는 경우가 있으며 학습 목적과 관계없이 어떤 학습자에게나 같은 어휘를 가르치려고 했다.

② 정해진 어휘 내에서 만들어진 대화가 실제 사용되지 않는 억지스러운 대화일 때가 많다.

③ 모국어로 번역하지 말고 목표어로 바로 생각하고 말해야 한다고 주장하였으나 심리학에 의하면 성인의 경우 번역은 반사적으로 일어난다.

④ 주어진 그림을 이해하는 데 개인차가 있다. 해석에 보편성이 존재하지 않기 때문이다.

⑤ 의사소통 기능 가운데 상황 설명적 기능만을 주로 가르쳐 진정한 의미에서 의사소통의 도구로서의 언어를 가르치지 못하였다.

시청각 교수법은 처음부터 정확한 발음과 표현을 가르치고자 했던 점에서 정확성을 추구하는 전통적인 학교 교육의 이념과 일치하는 면이 있으며, 시각 자료를 통해 교실에 실생활에서와 같은 상황을 조성하려고 했던 점에서 긍정적인 평가를 받고 있다.

4. 의사소통 접근법(Appoche Communicative, AC)

AC는 유럽의회에 의해 시작되었다. 유럽 공동시장, 유럽 의회 등을 통해 하나가 된 유럽은 상호협력의 필요성이 증대되자 공통언어로서 성인들에게 영어를 가르칠 필요를 느꼈고 이에 관한 연구를 전문가들에게 일임하였다. 이에 따라 1972년 영국의 Holliday, Widdowson, Van Ek 등 일련의 언어학자, 응용 언어학자, 그 외 전문가들이 의미−기능적(Notion-Fonction) 교수법, 즉 의사소통을 위한 교수법을 발전시키기 시작하였다. 그 결과물로서 1975년에 외국어로서의 영어교육을 위한 *Threshold Level English*가, 1976년에 프랑스어 교육을 위한 *Un niveau-seuil*가 출간되었다.

이론적으로 볼 때 AC는 구조주의의 영향으로 언어의 습득[1]을 기계적인 반복 훈련에 의한 습관의 형성이라고 보는 청화식이나 시청각 교수법에 대한 반성과 재고라고 할 수 있다. 사회학과 심리언어학, 인류학 등 다양한 학문 분야의 영향을 받고 있으나 가장 직접적으로는 언어의 사회적 사용과 관련하여 사회학의 영향을 받은 교수이론이다(Germain, 1993:201). Hymes(1972:269-293)는 의사소통을 구체적인 상황에서 어떤 목적을 가지고 이루어지는 인간의 사회적 행위로 간주하고, 의사소통 능력(compétence de communication)을 문법적인 문장을 이해하고 생산하는 능력인 언어능력 이외에 언어사용과 관련된 심리적·문화적·사회적 규칙을 아는 능력으로 규정하였다. 또 Canale & Swain(1980:47)은 의사소통 능력을 다음과 같이 세분하여 정의하고 있다.

① 언어적 능력(Compétence Linguistique): 언어 및 언어 구조에 대한

---

1) 습득(acquisition)은 학습자 언어가 정보처리와 기억 과정을 거쳐 언어적 지식과 의사소통 능력에서 일정 수준에 이르게 되는 것을 의미하므로 학습자의 의식적이고 자발적이며 관찰 가능한 행동인 학습(apprentissage)과 구별된다(Cuq, 2003:12, 22 참조). 그러나 습득과 학습이 항상 분리되어 있는 것은 아니므로 본 연구에서는 학습과 습득이란 용어를 함께 사용하기로 한다.

기본 지식

② 담화능력(Compétence du Discours): 개개의 메시지가 서로 연결성이 있도록 담화를 이끌어갈 수 있는 능력

③ 사회·언어적 능력(Compétence Socio-linguistique): 사회·문화적 맥락에서의 언어 의미의 이해와 사용 능력

④ 전략적 능력(Compétence Stratégique): 언어능력이 부족한 경우, 담화에서 부연설명, 단순화 등의 전략을 사용할 수 있는 능력

AC는 언어의 습득을 개인의 타고난 능력(capacité innée)으로 발화 규칙을 형성해 나가는 것이라고 보는 언어학의 입장을 수용하는 한편, 언어의 사회적 사용, 즉 의사소통 도구로서의 언어의 기능(fonctions de communication)에 대해 주목한다. 의사소통 기능이란 화자의 발화 의도로서 '언어를 통하여 하고자 하는 것' 또는 '수행하고자 하는 것'이다. 예를 들어, 개인의 생각과 느낌을 표현하는 기능(희로애락, 감각적 느낌, 정서 등), 사회생활에서 관계를 수립하고 유지하는 기능(인사·소개·약속·초대·칭찬·사과 등), 다른 사람의 행동에 영향을 주기 위한 기능, 지시를 받고 거절하는 기능(제안·요청·설득·허락·금지·경고·지시 등), 사물·행동·사실·언어 등에 관하여 이야기하고 보고하는 기능(사실확인·묘사·설명·요약·비교·가능성·토론·평가 등), 창작 활동, 작품에 관한 토론, 문제 해결 등과 관련된 기능들을 말한다(Finocchiaro, 1983:13-17).

AC는 기존의 구조주의적 입장과 달리 어떤 언어로 의사소통하기 위해서는 그 언어의 규칙(grammaire)을 이해하는 것으로는 충분하지 않고 언어의 사용규칙(régles d'emploi)을 알아야 하며 어떠한 상황에서

어떠한 언어적 형태를 사용해야 하는지, 어떤 의사소통 의도(명령, 요구, 설득 등)를 가지고 어떤 사람과 대화를 하는지를 고려해야 한다는 입장이다.

AC는 의사소통 중심 교수법으로 불리기도 하는데 전통적 교수법이 문법－번역식이고 청화식이나 시청각 교수법이 듣거나 본 것을 기억하고 말하는 방식의 구체화된 교수기법인 데 반해, 정형화된 교수기법이 정해져 있지 않고 페어 활동, 팀 활동, 역할극, 과제 중심 등 다양한 방법을 시도하고 있으므로 접근법이라고 명명되고 있다. 이 접근법에서는 정해진 교재 이외에도 신문, 잡지, 인터넷 기사, 광고, 메뉴와 같은 다양한 실재자료를 학습재료로 권장하고 있다.

AC는 학습자의 요구를 바탕으로 형태보다는 의미를 가르치려고 했다는 점, 즉 의사소통 능력을 향상시키려고 했다는 점에서 오늘날의 외국어 학습자 요구와 부합하는 측면이 많다. 그러나 기초적인 어휘나 문법보다 정형화된 의사소통 기능이 강조되어 기초적인 언어능력을 소홀히 하게 된다는 단점이 있다. 또한, 구체화한 수업모델이 없는 점, 목표어를 배워 당장 사용할 필요가 있는 구체적인 학습 동기를 가진 성인학습자에게 적합한 이론이므로 초급 학습자들을 대상으로 하는 학교 수업에 적용하는 데는 무리가 따른다는 점도 단점으로 지적되고 있다.

5. 행위 중심 관점(Perspective Actionnelle, PA)

행위 중심 관점은 2001년 발간된 언어학습을 위한 유럽 공통 참조

기준, 즉 CECR(Cadre Européen Commun de Référence)를 근간으로 한다. CECR는 유럽평의회를 중심으로 1991년부터 40여 개 국가의 외국어 전문가들이 참여하여 연구한 결과로서 언어 교수·학습·평가를 위한 공통 참조기준이다. CECR는 의사소통을 목적으로 언어를 사용하는 학습자의 학습 내용과 지식, 기능들을 구체적으로 명시하고 있으며 어떤 나라에서 어떤 언어를 배우는 학습자들에게라도 공통으로 적용할 수 있는 목표와 내용, 방법을 제시한 것이다.

CECR는 언어 사용자와 학습자를 단순히 의사소통의 주체로 보지 않고 일정한 환경과 행위영역에서 적절하게 행동하고 그 행동의 목표를 달성하고자 하는 '사회적 행위자'로 설정한다(CECR, 2001:21). 또 학습자에게 요구되는 능력을 일반 능력(compétence générale)[2]과 언어적 소통 능력(compétence communicative langagière)[3]으로 나누고, 학습자가 언어를 사용할 때 언어적 소통 능력뿐만 아니라 다양한 경험과 그를 통해 얻은 실천 방법이나 전략 등 언어 외적 능력을 동원한다는 사실에 주목한다. 단순히 언어 사용이 아니라 행위의 목적 달성을 목표로 한다는 점은 CECR가 기존의 교수법과 가장 다른 점이다. 결국, CECR는 AC가 '어떻게 의사소통 능력을 습득할 수 있는가'에 초점을 두었던 것에 비해 외국어 교육을 단순히 의사소통이라는 틀 안에 두지 않고 '왜 의사소통을 하는가'에 초점을 둔 것이므로 이에 기초한 교수·학습 방법의 모색은 외국어 교육에서 커다란 인식의 변화를 의미하며, 또한 이와 같은 인식의 변화는 교수·학습 내용 구성과 방법의 변화를 의미하게 된다.[4]

---

2) 언어활동을 포함하여 모든 활동에 동원되는 인간의 능력으로 선언적 지식(Savoir-faire), 사용지식 (Savoir-faire), 성향(Savoir-être), 학습능력(Savoir - apprendre)을 포함하는 능력이다(CECR, 2001:15-18, 82-86).
3) 언어적 능력, 사회 언어적 능력, 화용적 능력(CECR, 2001:86-101).

CECR의 특징을 단순화하기는 어렵지만 요약하면 다음과 같다.

① 언어의 학습과 사용을 구별하지 않는다.
② 언어 학습자는 사용자로서 단순히 언어적 과제만을 수행하는 것은 아니다. 여기에서 수행해야 할 과제란 언어 사용자가 사적 영역, 공적 영역, 교육 영역, 직업 영역에서 직면하게 되는 일상 생활의 한 단면으로서 행위자가 해결해야 할 문제나 수행해야 할 의무, 주어진 결과에 도달하기 위해 추구하는 행위적 목표이다. 따라서 과제의 부여는 학습자로 하여금 '어떻게 학습할 것인가'보다는 '왜 학습하는가'에 대한 생각을 하게 하므로 학습에 흥미를 불러일으킨다.
③ 주어진 상황에서 사회적 행위 목적을 달성하기 위한 언어 학습과 사용을 추구한다.

CECR는 다음과 같은 면에서 AC와 구별된다.

① AC가 원어민과 같은 언어능력의 습득을 목표로 동질언어 상황에서 지금 당장 해당 언어를 필요로 하는 성인 학습자를 대상으로 연구된 이론인 반면, CECR는 동질언어 혹은 이질언어 상황에서 외국어를 학습하는, 다양한 학습 동기를 가진 다양한 연령

---

4) "화두는 '필요'이다. 여기에서 언어의 사용 즉 행위를 통하여 도달할 수 있는 목표와 학습이 유리된다면 언어 학습이 어떻게 의미를 가지겠느냐는 의문이 제기된다(On aperçoit dès lors que c'est 'le besoin de…' qui suicite la parole. A partir de là, comment concevoir que l'apprentissage d'une langue ait un sens s'il est déconnecté d'un objectif à atteindre à travers un usage de ladite langue, autrement dit à travers une 'action' (Bourguignon, 2006:58-59).", CECR의 출현은 교수·학습을 완전히 뒤집자는 것이 아니다. 언어적 소통 활동, 언어에 대한 탐구, 문화적 측면 등, 행해졌던 모든 것은 여전히 존재한다 (Bourguignon, 2007, Conférence de l'APLV de Grenoble).

층의 학습자를 대상으로 하는 교수·학습·평가 참조기준이다.

② '원어민과 같은 유창성'을 요구하기보다는 제한적인 언어지식이 요구되는 경우(예를 들어, 말하기는 필요 없지만 언어의 이해가 요구되는 경우, 해당 언어의 음성학적 구조, 어휘와 문장에 관한 지식만을 요구하는 경우 등)와 언어를 배울 시간이 한정된 경우에 개인적으로 충족할 수 있는 부분 능력에 대해서도 고려하고 있다.[5]

③ 학습시간뿐만 아니라 교사·학습자·교수 도구의 상황에 따라 학습할 내용이나 학습 방법, 교수법이 달라질 수 있다.

원래 이 기준은 통합 유럽의 다중언어 사용자들을 위하여 만들어진 것이지만 언어 및 문화 능력의 다양성을 인정하는 유연성을 특징으로 하므로 다른 지역에서도 차용 가능성이 고려되고 있다. CECR는 가장 기초 단계에서부터 모국어 수준에 가까운 언어 수준까지 폭넓은 언어 숙달 단계를 포괄하고 있으며, 각 단계의 개별 학습자가 어떤 언어로 의사소통하기 위해서 학습해야 할 지식과 능력을 상세히 기술하고 있기 때문이다.

CECR의 중심 이념은 교수이론으로서 행위 중심 관점(Perspective Actionelle PA)이라고 명명된다(CECR: 2001:15). 이 관점은 외국어 수업에 적용된 시간이 짧고 그것도 주로 유럽에서 실천되었으므로 교수·학습 방법론으로 정립되었다고 보기는 어렵다. 따라서 아직은 전망이나 조망, 관점의 입장에 머무르고 있지만 Bourguignon(2006, 2007, 2008)이나 Puren(2004, 2006, 2008, 2009)과 같은 연구자들은 이를 행위 중심

---

5) 이는 *CECR* (2001:111-112)에서 개별적 접근(Approches particulières)이라는 용어로 명기되고 있다.

접근법(Approche Actionnelle, AA)이라는 명칭 아래 하나의 교수·학습 방법론으로서 정립하고자 노력하고 있으며 많은 연구결과를 내놓고 있다.

그 외 외국어 교수법으로는 Sainliens의 직접 교수법, Palmer의 상황 교수법, Curran의 협동 학습법, Gattegno의 침묵 교수법, Krashen과 Terrell의 자연 교수법, Asher의 전신반응 교수법 등이 있지만 주로 영어교육을 위해 제한적으로 실험되었을 뿐 우리나라 외국어 교육 전반에 도입된 바는 없다.

제2부

학교 교육과정과 교수법

1. 교육과정별 교수법

우리나라의 교육과정은 교수요목기(1945~1954), 제1차 교육과정 (1954~1963), 제2차 교육과정(1963~1973), 제3차 교육과정(1973~ 1981), 제4차 교육과정(1981~1987), 제5차 교육과정(1987~1992), 제6 차 교육과정(1992~1997), 제7차 교육과정(1997~2009), 2007 개정 교육과정(2010), 2009 개정 교육과정(2011~현재) 시기로 나뉜다.

시기별로 전통적 교수법, 시청각 교수법, 의사소통 접근법을 적용하였으며, 행위 중심 관점은 연구되는 단계의 새로운 이론으로서 아직 우리 외국어 교육에 적용된 바 없다.

외국어 교육이 시작된 초기에는 어휘나 발음, 문법이 강조된 MT가 적용되었다. 1980년대, 즉 제4차 교육과정기에는 시청각 교수법이 시도되었는데, 우리나라에서 시행된 시청각 교수법은 유럽에서 개발된 시청각 교수법과 미국의 청화식 교수법이 혼재된 것이었다.

시청각 교수법이 적용된 시기에는 원어민의 발음을 습득하기 위하여 교사나 녹음기를 통해 발음을 따라 하는 방식으로 수업이 진행되었다. 또 대화 형식으로 구성된 목표어의 사용 예가 그림이나 목표어로 녹음된 대화(dialogue), 즉 시각자료와 청각자료를 통해 학생들에게 소개되었다. 시청각 기자재를 이용한 자료의 제시가 시도된 것이다. 교사의 번역이 아니라 시각화된 상황에 의하여 언어의 의미를 이해하고 이를 표현할 수 있도록 하려는 의도에서 녹음기를 이용한 문장 패턴의 반복 연습, 대화문의 이해와 연습이 이루어졌다.

시청각 교수법의 도입은 과거 전통적 교수법에 대한 반성으로 문어에서 구어로 언어 교육의 중심이 이동한 것을 의미하며 문법보다는 실제 사용되는 언어를 가르치려고 했다는 점에서 의미가 있다. 그러나 우리나라에서 시청각 교수법이 적용된 시기는 매우 짧았고, 또 학교에 시청각 교수법이 실현될 수 있는 학습환경이 제대로 마련되지 못하였기 때문에, 이 교수법은 교수·학습에서 제대로 구현되지는 못하였다.

우리나라에서 의사소통 능력의 배양을 외국어 교육의 기본 이념으로 삼은 것은 제5차 교육과정부터이다. 그러나 이 시기 교육과정의 의사소통이란 단순히 듣기·말하기·읽기·쓰기 능력의 총합을 의미하였다. 제6차 교육과정부터 Hymes의 정의에 따른 의사소통 능력이라는 개념이 도입되었으나 구체적으로 '의사소통 능력 함양'이 교육목표로 제시된 것은 제7차 교육과정부터이다.

언어를 단순히 학습하는 데 그치지 않고 실제 사용에 이르게 한다는 AC의 이념은 직관적으로 매우 설득력이 있었으므로 이를 우리나라 제도권 내 교육에 도입하는 것은 매우 타당한 것으로 받아들여졌다. 그러나 1990년대 이후 도입된 의사소통 접근법은 현재까지 한국의 외국어 교육 상황과의 적합성 문제로 논란의 대상이 되고 있다. 외국어 교육의 목표가 '기초적인 의사소통 능력의 함양'으로 명시됨으로써 '목표어로 의사소통하는 것'이 외국어 교육의 가장 중요한 화두가 되었는데, 학교의 외국어 교육에서 이 목표의 실현이 가능한가 하는 문제가 논란의 핵심이 된 것이다. 실제로 의사소통 접근법을 적용한 지 거의 20년이 흐른 지금도 학습자들의 의사소통 능력은 거의 향상되지 않는 것으로 많은 연구자가 판단하고 있다. 의사소통을 강조하느라 오히려 기초적인 언어능력인 어휘력이나 문법 능력마저 저하되었다는 우려의 목소리도 크다. 2009 개정 교육과정에서는 이른바 제2외국어로 분류되는 영어 이외의 외국어 과목이 생활·교양 과목군으로 분류되어 많은 교사가 언어보다는 문화내용을 가르치는 쪽으로 수업의 전환을 모색하고 있어서 학습자의 언어능력 향상은 더욱 기대하기 어렵게 되었다.

2. 의사소통 접근법 적용상의 문제점

지금까지의 외국어 교육이 성공적이라는 평가를 얻지 못하는 이유는 우리나라 학교의 학습 여건이 AC를 실현하기에 적합하지 않기 때문이다. 이는 근본적으로 AC가 목표어가 사용되는 환경에서 당장 또는 단시일 내에 사용하기 위해 외국어를 학습하는 성인 학습자를 대상으로 만들어진 이론이라는 사실에 기인한다. Puren(1998:359)이 학교에서의 외국어 교수법과 외국어로서 성인을 대상으로 하는 교수법을 구별하는 것도 바로 이러한 이유에서이다. AC를 우리나라 학교 외국어 교육에 적용하고자 할 때 마주치게 되는 어려움을 유형별로 분류해 보면 다음과 같다.

학습환경(contexte d'apprentissage)

미국이나 캐나다, 호주에서 영어를 배우는 것과 같이 목표어가 사용되고 있는 나라에서 외국어를 배우는 경우를 동질언어 학습환경(contexte homoglotte)에서의 학습이라고 한다. 이것은 목표어가 사용되지 않는 나라에서 외국어를 배우는 경우를 의미하는 이질언어 학습환경(contexte hétéroglotte)에서의 학습과 대립되는 개념이다(Cuq, 2003:121-122). 따라서 프랑스어를 사용하지 않는 사회적 환경에서 프랑스어를 학습하는 우리나라 학습자들은 이질언어 학습환경에 놓인 전형적인 예라고 할 수 있다.

동질언어 학습환경에서는 언제 어디서나 언어적 상호작용이 이루어지므로 사회 전체가 학습의 장이 되지만, 이질언어 학습환경에서의 학습자는 주로 교재를 매개로 교사의 수업을 통하여 목표어와 접촉하게 되고 언어의 사용도 교실 내에서 아주 짧은 시간 동안 이루어진다. 따라서 일상생활에서 언제나 목표어에 노출될 기회를 가지는 동질언어 학습환경의 학습자에 비해 정보의 입력과 생산, 두 측면의 활동이 매우 제한된다. 그러므로 이질언어 학습환경의 학습자가 동질언어 학습환경의 학습자와 동일한 수준의 정보를 얻고 언어의 실제 사용에 이르기 위해서는 더 많은 시간과 노력을 해야 한다.

AC는 이전의 다른 교수 방법론들과 마찬가지로 목표어를 사용하는 동질언어 환경에 있는 학습자들을 전제로 연구된 이론이다. 그러므로 우리나라 고등학교 수준에서 AC에 기초한 교육과정이 제시하고 있는 의사소통 기능을 실제 구어로 실현할 수 있는 능력을 습득하는 것은 매우 힘들다.6)

실재성(authenticité)[7]

이질언어 학습환경의 학습자는 목표어에 노출되는 빈도나 정보의 양뿐만 아니라 학습 내용의 질적인 측면에서도 동질언어 학습환경의 학습자와는 다른 상황에 있다. 이질언어 학습환경에서는 실제 원어민이 사용하는 언어와의 접촉 가능성이 현저히 낮을 뿐만 아니라 실재 자료의 사용과 모의의사소통(simulation)도 쉽지 않다. 또한 교과서 중심의 수업에서 초급단계의 학습자 수준과 일치하는 실재자료를 찾기도 어렵고, 찾는다 하더라도 수업시간의 부족으로 사용하는 것 또한 쉽지 않다.

학습자들에게 목표어에 대한 정보를 제공하는 거의 유일한 수단인 교과서는 원어민이 사용하는 언어를 있는 그대로 구현한 것이 아니라 교육과정이 규정하고 있는 어휘와 문법, 의사소통 기능을 바탕으로 만들어진 제작자료이므로 그 내용이 매우 인위적이다. 따라서 학습자들이 교과서를 통하여 원어민의 언어를 이해하고 원어민과 같은 방식으로 언어를 사용하는 것은 거의 불가능해 보인다.

교실 내 의사소통이 실재성을 갖기도 쉽지 않다. 한국에서 한국인들끼리 하는 교실 내의 의사소통은 단지 유사 의사소통(pseudo-communication)에

---

6) 게다가 학교환경에서 학습하는 언어는 실제 사용을 위한 언어가 아니라 학생들의 시간표에 있는 교과목으로서의 위상을 갖게 된다. 그러므로 언어의 첫 번째 존재 이유인 실용적인 기능이 자주 배제되고 학습해야 할 규범이나 규칙을 가진 시스템으로 인식된다(La langue apprise en milieu scolaire est inscrite à l'emploi du temps des élèves. De ce fait, elle est abordée en tant que système qu'il faut acquérir, avec ses codes et ses règles, souvent au détriment de la fonction pragmatique qui est la raison première d'exister d'une langue). (Bourguignon, 2007:7 참조).

7) Besse(1982:16-17)에 의하면 실재성이란 실제적이고 살아 있으며 자연스러운 표현, 교육을 위한 징후와 의도가 드러나지 않은 것, 잘리거나 조작되지 않은 자료 전체를 의미하며, 또 단지 자료의 실재성뿐만 아니라 생산과 수용 조건 전체 및 교실 내에서 학생들에게 요구되는 임무의 실재성까지도 포함한다.

지나지 않으므로 학생들이 자신이 직면하게 될 실제 상황으로 인식하기가 매우 어렵다.[8] 언어의 형태와 기능에 의미를 부여하는 것이 바로 맥락인데 교실 언어에는 언어의 실제 사용 맥락이 없기 때문이다.

교실 내에서 실재성을 가지는 의사소통은 교사의 질문에 대답하거나 지시를 수행하고 명확한 사항에 대해 의견을 표현하는 행위 정도이다. 그런데 이러한 의사소통은 이미 학습한 내용의 범위 안에서 주로 교사와 학생 간의 질문과 대답 형식으로 이루어지므로 대부분 예견될 수 있는 것들이어서 이 도식을 다른 방식으로 적용하기는 어렵다(Bucher-Poteaux, 1998:317 참조). 따라서 의사소통 능력을 기르기 위한 수업은 언화행위(acte de parole) 혹은 의사소통 기능에 입각한 정형화된 언술(énoncés stéréotypés)을 학습하는 수준에 머무르게 된다. 결국, 학습은 인위적 환경에서 가상현실인 음식 주문, 호텔 예약, 물건 사기 등의 정형화된 상황의 시뮬레이션이나 리허설에 그치게 되며, 학습자가 교실 내 학습을 바탕으로 자신의 필요에 일치하는 의사소통의 목적을 달성하기 위한 실제 언어 사용에 이르기란 거의 불가능해진다.[9]

---

8) 또한 교실 내 의사소통은 타자 간 의사소통(exolingue*)이라고 할 수 있다. 타자 간 의사소통이란 대화자 두 사람 모두 혹은 두 사람 중 한 사람이 모국어가 아닌 다른 언어를 수단으로 의사소통함을 의미한다(Cuq, 2003:97-98). 우리나라 상황에서는 교사 역시 목표어를 외국어로서 학습한 상태이므로 모국어 화자와 같은 대화의 상대자가 되어줄 수 없고, 이 때문에 대화가 실재성을 갖기 어렵게 된다. 더구나 같은 모국어를 공유하는 교사와 학생 간의 목표어를 통한 의사소통은 더욱 부자연스럽고 인위적으로 느껴질 수밖에 없다(Bucher-Poteaux, 1998:318). 학생들은 의사소통이 '거짓'이라는 것을 알기 때문에 진정한 의사소통 의도를 가지고 참여할 수 없게 된다. 또한, 타자 간 의사소통에서는 의사소통의 목적보다는 언어와 의사소통의 조작에 초점이 맞추어지게 된다(Véronique, 2000:409). * 'exolingue'는 모국어 화자들 간의 의사소통을 의미하는 'endolingue'와 대립되는 개념으로 정확한 번역을 찾기 힘들다. 따라서 본 연구자는 목표어에 대해 원어민과 같은 인식을 갖기 어렵고 목표어 사용 문화의 범주 밖에 있다는 의미에서 외국어 사용자를 타자라고 정의하고 이들 간의 대화를 타자 간 의사소통이라고 번역하였다.
9) 여러 외국어 과목들의 학습 과정은 흔히 제2언어의 성공적인 학습에 부적절한 환경에서 이루어진다. 교실 수업만으로 한정된 상황에서 외국어의 유창성을 획득할 수 있는 사람은 거의 없다(Brown, 2007:1). 또 자연스러운 언어 교환을 흉내 내는 의사소통만으로 교수·학습이 굳건해질 수는 없다(Bailly, 1998:327).

학습 동기

AC가 가정하고 있는 학습자와 한국 고등학교 학습자의 성격은 동기적인 측면에서도 매우 다르다. AC는 구체적인 언어 학습의 동기를 가지고 있으며 당장 해당 언어 사용이 필요한 성인 학습자를 대상으로 이들의 동기와 흥미, 요구를 우선 고려하여 원하는 것을 우선적으로 가르치도록 하고 있는데, 이것은 한국의 학교 상황과는 거리가 있다. 한국의 고등학교 학습자들은 학교의 교육과정 운영에 따라 제2외국어를 선택하고 배우기 때문에 외국어 학습에 대한 흥미는 대부분의 경우 막연한 호기심이나 목표어를 사용하는 나라가 그들에게 불러일으키는 추상적인 이미지에 근거하고 있고, 비록 개인적인 흥미가 있다고 하더라도 외국어 학습에 대한 자신의 동기와 요구를 구체화하고 있는 경우는 매우 드물다. 이민이나 유학, 취업, 연수 등과 같은 구체적인 학습 동기를 가진 성인 학습자와는 다른 입장에 있는 것이다. 유일한 학습 동기라면 시험에서 성적을 잘 받는 것이라고 할 수 있는데 현재 제2외국어 과목의 내신 반영률이나 입시 반영 정도는 매우 미미하므로 이것만으로 모든 학생이 학습 동기를 유지하기를 기대하기는 어렵다.

학습자 태도

AC에서 학습자는 대화자이며 의미협상 과정의 파트너이다. 학습자는 교사로부터 일방적으로 정보를 얻는 수동적인 존재가 아니므로 학습자가 만들어낸 의사소통의 결과물, 즉 생산물(produit) 자체보다는 거기까지 이르는 과정(processus)이 더 중요시 된다(Germain, 1993:206). 또 학습의 결과는 교사나 교육재료에 의해 소개된 것의 생산물이라 기보다는 소개된 정보의 성격과 이 정보를 다루는 개인의 방법이 합 쳐져서 이루어진 생산물이므로 이 과정에서 개인은 입력에서 생산까 지 정보를 다룰 수 있는 능동적 참여자가 되어야 한다. 그러므로 학 습자의 능동적인 참여는 의사소통 중심 수업이 성공하기 위한 필요 조건이 된다.

그러나 한국의 고등학교 학습자들은 대체로 수동적이며 이는 단순 히 학습자들의 성격이나 기질 때문만은 아닌 것으로 보인다. 학습자 개개인이 적극적으로 수업에 참여하기에는 학급당 인원수[10]가 너무 많아 교사가 전통적 교수법이나 방법론의 틀을 벗어나기가 매우 힘 들기 때문이다. 학습자들이 학습 진도에 따른 학습 내용을 제대로 소 화하지 못하는 것 또한 학습자의 태도를 수동적으로 만드는 요인으 로 보인다. 경험적으로 보았을 때, 자신의 학습에 대해 막중한 책임을 지게 되는 의사소통 중심 수업이 시도되는 경우 교사가 조언자의 역 할을 함에도 학습자는 무엇을, 어떻게 학습해야 하는지 잘 몰라 언어 학습의 방향성을 상실하는 경우가 많았다. 그 이유는 말로 표현하고 싶 은 것은 많은데 목표어를 구사할 능력은 충분하지 않고 이를 교수·학 습 과정이 제대로 보상해 주지 않기 때문이다.

결국, 한국의 고등학교 학습자 태도 또한 AC가 가정하고 있는 학 습자 태도와는 달라 그 이상의 실현이 어려움을 알 수 있다.

---

10) FLE 교실의 학급당 인원수는 10~15명(Puren, 1998:363)이나 우리나라 일반계 고등학교 학급당 인원 수는 2010년 4월 현재 36.5명이다. 그런데 2009년에 7개였던 학급당 인원수를 30명 이하로 제한하 는 자율형 고등학교가 2010년에 17개로 증가하고 특성화 고등학교 역시 학급당 인원수를 25명 정 도로 제한하기 때문에 실제적으로 그 외 일반계 고등학교의 학급당 인원수는 40명이 넘는 경우가 많다(학교알리미, http://www.schoolinfo.go.kr/index.jsp 참조).

교사

AC에서는 교사를 '언어사용의 예를 보여주는 모델(modèle)이자 학습자의 활동을 쉽게 해주는 조력자(facilitateur) 혹은 조언자(conseilleur)이며 교실활동을 조직하는 사람(organisateur), 학습자의 요구와 관심을 분석하는 사람(analyste), 공동 대화자(co-communicateur)'라고 규정하고 있다(Germain, 1993:206). 따라서 교실수업에서 과거 언어 학습에서 전통적으로 교사가 행하던 역할[11]을 그대로 행하기란 불가능해졌다. 왜냐하면 학습하는 법을 알게 하는 것(apprendre à apprendre)[12]과 학습하게 하는 것(faire apprendre)은 전혀 다르기 때문이다(Holec, 1981:17). 이러한 관점에서 볼 때, MAO나 MAV에서와 마찬가지로 AC에 기반을 둔 수업이 성공하기 위해서는 교사의 유창한 언어사용 능력이 요구된다. 이때 교사는 학생에게 훌륭한 언어적 모델이 되어야 할 뿐만 아니라 학생들의 의사소통에 필요한 언어적이거나 문화적인 재료를 제공해 주어야 하는데, 한국어를 모국어로 하는 교사가 원어민과 같은 언어의 유창성과 언어 및 언어 사용국가에 대한 지식을 갖고 있는가 하는 문제가 제기된다. AC에 기반을 둔 수업이 도입되던 초기와는 달리 최근 교사들은 대부분 프랑스 유학이나 어학연수, 국내에서의 연수로 상당수준의 언어능력을 갖추고 있지만 자연스럽고 효과적인

---

11) Mondana(1998:139)에 의하면 전통적인 교사의 역할이란 목표어에 대한 지식을 학습자에게 전달하는 것이다. 이 목적을 실현하기 위하여 교사는 언어를 학습자들이 이해할 수 있도록 만든다. 즉, 언어적 사실을 선택하고 적절한 순서로 배열하며 재구성한다. 교수 담화는 설명적 활동으로 이루어진다.

12) "학습자들에게 학습하는 법을 가르치는 것, 즉 학습 내용을 다양하게 구성하고 조작할 수 있는 능력을 얻을 수 있도록 하는 것이 학습 성공을 위한 최선책이라고 생각된다(Apprendre à l'apprenant à apprendre, c'est-à-dire, lui faire acquérir la capacité de réaliser les diverses opérations constitutives d'un apprentissage est considéré comme le meilleur garant de réussite de l'apprentissage)."(Holec, 1979:51)

방법으로 AC를 구현하는 실제 수업을 수행하기란 여전히 쉽지 않아 보인다.

학습시간

현재 고등학교 수업시수는 주당 2~3시간에 불과하고 그것도 2년 이내에 종료되므로[13] 이 기간에 주어진 내용을 모두 학습하여 의사소통에까지 이르게 되는 것은 매우 어렵다. 현재의 수업시간은 교과서에 제시된 내용을 충분히 숙지하기에도 부족하므로 이 시간 동안 능동적이며 자발적으로 의사소통하는 능력을 습득하기 위한 연습을 한다는 것은 거의 불가능한 일이다. 고등학교의 학습시간은 주당 5시간 이상의 집중적 학습이 이루어지는 FLE 수업과 비교해도 절대적으로 적으므로 고등학교 수업에서 AC의 이상을 실현하기는 힘들어 보인다.[14]

그래서 현재 AC의 대안으로 모색되고 있는 것이 PA라고 할 수 있다. AC가 학교나 직업적·사회적 관계 속에서 자신들이 배우고자 하는 언어와 이미 접촉하고 있는 준초보자(faux débutant)에게 관심을 기울이는 것에 반해, PA는 가장 초보 수준까지도 고려한다는 점이 우리 외국어 교육의 요구에 상당히 부응하기 때문이다.

---

13) 2009 개정 교육과정 실시 이전의 수업시수. 2012년부터 집중 교육과정인 2009년 개정 교육과정이 시행되어 제2외국어 수업은 외국어Ⅰ과 외국어Ⅱ가 각각 한 학기 동안 이루어진다. 수업시수는 주당 5시간으로 전체 수업시수는 이전과 차이가 없으나 실제로는 더 축소된 경우가 많다. 제2외국어에 주당 5시간을 배당하는 것은 입시가 주된 학습 목표가 되는 고등학교 현실에 맞지 않기 때문이다. 교육과학기술부(2009:11)는 고시 제2009-41호에 '각 과목의 기본 단위 수는 5단위이며, 과목별로 1단위 범위에서 증감 운영이 가능하며 가능한 한 학기에 이수하도록 한다'고 밝히고 있다. 2007년 개정 교육과정이 주5일제 시행에 따른 개정이었다면 2009년 개정 교육과정은 여러 학기에 나누어 실시하던 수업을 한 학기에 집중적으로 실시하기 위한 개정이다.
14) 또한, FLE 수업이 이루어지는 BELC나 CLA와 같은 기관은 외국어 전문 교육기관임에 반해 한국의 고등학교는 외국어 교육만을 위해 설립된 기관이 아니라는 점도 AC를 실현하기 어려운 요인 중 하나라고 할 수 있다. 그 기관의 모든 노력이 외국어 교육의 성공에 모아지는 것이 아니기 때문이다.

제3부

교육 **만족도** 및

학습자 **태도**

외국어 학습은 학습자의 필요와 요구로 시작된다. 따라서 학습자들의 요구를 파악하고 교수·학습 과정과 내용을 그에 부응하도록 구성하는 것은 학습자 중심의 능동적 수업을 위한 필요조건이 된다. 따라서 학습자들이 자신의 선택에 만족하는지, 교육에 대해 어떤 기대나 요구를 가지고 있으며, 교사들과는 어떠한 의견 차이를 보이는지를 밝히는 작업은 교수·학습 발전을 위해 꼭 필요한 일이다

1. 교육 만족도

만족도 조사의 의미

만족도 조사는 학습자와 교사의 현재 교육 상황에 대한 요구를 파악하기 위해 이루어지는 조사이다. 요구란 일종의 결핍상태로서 무엇인가를 바라는 것 혹은 지향하는 상태를 의미한다. '요구'의 의미는 매우 다양하고 포괄적이어서 많은 연구자가 서로 다르게 정의하고 있으나 본 연구에서는 Kaufman의 정의 및 분류를 따르기로 한다(『교

육학 대백과 사전』, 1998:1954-55에서 재인용). Kaufman은 요구의 의미와 특성을 크게 차이(différence)·선호(préférence)·부족(manque) 세 가지로 나누고 있는데 일반적으로 학습자의 요구는 복합적이므로 이 세 가지 개념의 경계가 항상 분명한 것은 아니다.[15] 본 연구에서는 주로 '차이'의 개념을 차용하고자 하는데, 차이란 '현재 상황'이 '목표 상황'이나 '기대 상황'보다 좋지 않을 것이라고 전제하는 것이다. 목표 상황이란 학습자가 도달하고자 하는 이상적인 상황을 의미하는데 이 것과 현재 상황과의 차이가 곧 요구가 된다. 만족도 조사를 통해 '차이'를 통한 요구를 파악할 수 있다. 학습자와 교사가 만족하는 정도를 설정하고 그에 미치지 못하는 정도를 요구라고 판단할 수 있으며, 또 조사대상이 된 집단[16]의 의견 차이를 요구라고 볼 수 있다. 어떠한 항목에 대해서 만족도가 높더라도 집단 간 의견에 큰 차이가 있다면 이 역시 개선이 필요한 요구로 볼 수 있기 때문이다. 예를 들어, 학습자 행동에 관하여 학습자 대부분은 만족하고 있으나 교사 대부분이 불만족스러워하고 있다면 여기에서 나타난 차이는 교사들의 요구를 나타내는 근거가 될 수 있다. 반대로 교수자 행동에 대해 교사 대부분이 만족하고 있더라도 학습자들이 불만족스러워하고 있다면 이 역시 개선이 필요한 학습자들의 요구로 볼 수 있다.

차이에 대한 정확한 정보를 얻기 위하여 교육 상황에 대한 만족도 조사를 하기로 하고 가장 만족한 정도를 5로 정하고 여기에 미치지 못하는 수치를 요구로 보기로 한다. 또 만족도 5에 대해서 학습

---

15) 이에 반해 Richterich(1985:91)는 요구를 필요(nécessité)와 차이(différence), 부족(manque) 세 가지로 나누고 있는데 각 개념을 Kaufman에 비해 추상적으로 정의하고 있어 구체적 분석의 근거로 삼기는 어려웠다.

16) 본 연구에서 요구분석의 대상은 현 교육상황의 주체라고 할 수 있는 프랑스어 과목의 교사와 학습자 집단이다.

자와 교사들이 나타내는 의견의 차이가 큰 경우 이를 요구로 보기로 하겠다.

이를 위하여 먼저 조사 대상과 조사 방식, 조사 내용을 결정한 다음, 구체적인 요구분석 과정을 설계하였다. 조사 내용에서는 조사 대상이 된 집단이 중요하게 생각할 항목 및 현재 상황과 비교하여 기대하고 있는 상황과의 차이가 크리라고 예상되는 항목을 우선순위에 두고자 하였다.[17]

요구분석은 다음과 같은 절차를 거쳐 이루어졌다.

<그림 2> 요구분석의 절차[18]

문제 인식
⇓
설문조사의 목표와 주제 설정
⇓
연구 대상 선정 및 표집 방법 결정
⇓
설문지 작성, 설문조사 시행
⇓
설문지 수거 및 검증 (설문 내용의 진실 여부 검증)
⇓
통계 분석 (two-way ANOVA 방식 적용)
⇓
분석결과 도출

---

17) Lund와 McGechaen(1981:171-174)에 의하면 우선순위는 영향을 받을 집단의 크기, 고려하지 않았을 때 초래될 결과, 교육적 활동에의 적합성, 우선적으로 다루어져야 할 만한 중요도, 재원 및 인력 등을 고려하여 결정하여야 한다. 그런데 이렇게 결정된 우선순위는 요구조사 결과에 의해 재조정될 수 있다. 재조정된 순위에서 상위를 차지하는 요소가 교수·학습 내용 결정에 반영해야 할 가장 중요한 요소가 된다.

18) 김정환, 2003:220, 사회과학에서의 선형 연구 절차 참조.

이상과 같은 일련의 과정 후에 도출된 요구분석의 결과를 교수·학습 내용 결정에 활용할 수 있다. 학습자와 교사의 요구분석, 즉 요구에 대한 정보를 수집하고 분석하며 적용하는 과정은 학습자와 교사가 요구하는 바를 확인하는 역할을 해주며, 교수요목을 설계하거나 학습과제를 구성하고 교재를 설계하는 데 필요한 출발점이 된다(Flowerdew & Peacock, 2001:178). 이러한 방식으로 학습자들의 요구가 교수·학습의 목표와 내용 결정에 실질적으로 반영된다면 학습자들은 실망하거나 흥미를 잃지 않고 교수·학습 과정에 지속해서 참여할 수 있다.

만족도 조사 결과

본 연구에서 이론적으로 성립될 수 있는 모집단은 우리나라 전체에서 프랑스어를 가르치거나 배우고 있는 교사와 학생이다. 그러나 이들 전체를 대상으로 한 조사는 현실적으로 불가능하므로 조사의 범위를 서울지역으로 한정하였다. 그리고 서울 시내의 프랑스어 3개 학급과 이메일로 설문조사 파일을 보내어 응답한 프랑스어 교사를 표본 집단으로 하였다. 조사는 2008년 3월 15일부터 4월 15일까지 약한 달에 걸쳐 학생 86명, 교사 13명을 대상으로 시행되었다.

만족도 조사 영역은 크게 교육과정, 교육환경, 교수자 행동, 학습자 행동의 네 개 영역으로 나뉘고, 각 영역은 24개의 하위 질문 항목으로 구성되어 있다(부록 참조). 만족도는 가장 높은 정도를 5로 정하고 1~5의 수치를 준 다음 그중 하나를 표시하게 하여 SPSS 프로그램을 이용하여 분석하였다.

만족도 조사 결과 각 집단이 지각하는 만족도의 현재 상태는 다음과 같이 나타났다. 조사 결과에서 개별 만족도가 평균 3 이하인 경우와 학습자와 교사의 만족도가 유의수준[19] 내에서 의미 있는 차이를 보이는 경우는 각 집단이 불만족스러워하고 있거나 서로 간의 견해 차이를 좁힐 필요가 있는 것으로서 개별 집단의 요구로 진단할 수 있다.

<표 1> 프랑스어 학습자와 프랑스어 교사의 만족도 비교

구분		평균(M)	표준편차(SD)	F	유의수준(P)
교육과정	학습자	2.81	0.57	3.79	0.055*
	교사	2.43	0.45		
학습환경	학습자	2.26	0.77	0.23	0.635
	교사	2.39	0.64		
학습자 행동	학습자	3.63	0.85	9.12	0.003**
	교사	2.76	0.65		
교수자 행동	학습자	3.22	0.89	0.48	0.489
	교사	3.01	0.30		

**=P<.01, *=P<.10

두 집단은 모두 교육과정과 학습환경 영역에서 3 이하의 만족도를 보이고 있는데, 특히 네 영역 가운데 학습환경에 대해서 가장 낮은 만족도를 보였다. 학습자는 학습자 행동에 가장 높은 만족도를 보이

---

19) 유의수준은 영가설(hypothèse nulle)을 수용할 확률이다. 일반적으로 영가설을 수용할 확률이 0.001, 0.01, 0.05보다 작을 경우 영가설을 기각할 수 있다. 영가설이란 연구가설의 역으로서 연구가설이 맞는다는 것을 증명하기 위하여 연구가설의 역가설을 설정하고 그 가설이 맞지 않음을 증명함으로써 연구가설을 증명하는 것이다. 본 연구에서 영가설은 '연구대상이 되는 각 집단 간 만족도의 차이가 없다'이다.
또 F값이란 집단 간 평균이 차이가 있는지 없는지를 확인하는 데 활용하는 통계수치이다. 본 연구에서는 이 수치로 집단 간 만족도에 차이가 있는지 확인할 수 있다. F값이 높으면 이 F값에 대한 유의수준, 즉 이 F값을 무시할 수 있는 수준이 낮아지므로 F값이 높고 유의수준이 낮게 나타나면 집단 간 만족도에 의미 있는 차이가 있는 것이다(성태제, 2008:278-284 참조).

고 교수자 행동에 대해서도 3 이상의 만족도를 보이지만, 교사는 교수자 행동에 대해서만 평균 3 이상의 만족도를 보이고 나머지 영역에 대해서는 모두 3 이하로 불만족하였다.

두 집단 간의 만족도에 유의할 만한 차이를 나타내는 영역은 교육과정과 학습자 행동으로 각각 유의수준 P<.01과 P<.001 수준에서 의미 있는 차이를 보였다. 유의수준 수치는 작을수록 더 의미가 있으므로 두 집단 간의 의견 차이는 학습자 행동 영역에서 가장 크게 나타남을 알 수 있다.[20] 학습환경과 교수자 행동에서는 의미 있는 차이가 나타나지 않았다.

결국, 학습자는 학습환경에 대해서, 교사는 교육과정과 학습환경에 대해서 개선이 필요하다고 생각하고 있음을 알 수 있으며 두 집단의 만족도 차이가 가장 크게 나타난 학습자 행동 역시 개선이 필요한 사항으로 진단할 수 있다.

영역별 세부항목에서 두 집단의 만족도는 다음과 같이 나타났다.

---

20) 유의수준 수치는 낮을수록 두 집단 간 견해차가 크다는 사실을 의미한다. 따라서 학습자 행동 영역에 대한 두 집단의 만족도는 유의수준 P<.001로 P<.01를 나타낸 교육과정에 대한 만족도보다 큰 차이를 나타내는 것을 알 수 있으므로 반드시 개선이 필요한 사항이 된다.

<표 2> 프랑스어 학습자와 프랑스어 교사의 세부항목 만족도 비교

항목	문항	구분	평균(M)	표준편차(SD)	F	유의수준(P)
교육 과정	교과서 내용은 흥미롭다.	학습자	3.31	0.97	2.53	0.115
		교사	2.78	0.83		
	교과서의 학습량은 기초 능력을 키우는 데 충분하다.	학습자	2.98	1.17	0.00	0.954
		교사	3.00	0.87		
	교과서 구성이 학습자들의 참여를 유도하게 되어 있다.	학습자	2.64	0.98	0.85	0.360
		교사	2.33	0.50		
	주당 수업시간은 적당하다.	학습자	3.01	1.10	0.11	0.746
		교사	2.89	0.78		
	대학 입시에는 적당한 정도로 반영되고 있다.	학습자	2.66	1.04	3.42	0.067*
		교사	2.00	0.87		
	고등학교 2학년 때부터 제2외국어를 배우기 시작하는 것은 적당하다.	학습자	2.26	1.13	3.19	0.078*
		교사	1.56	1.01		
학습 환경	과목 학습을 위한 자료와 정보 수입이 쉽다.	학습자	2.34	0.92	2.88	0.093*
		교사	2.89	0.93		
	해당 외국어를 학습하여 사용할 기회는 많다.	학습자	2.08	1.10	0.14	0.713
		교사	2.22	0.83		
	교실에 멀티미디어 기기가 잘 준비되어 있다.	학습자	1.78	1.07	8.94	0.004**
		교사	2.89	0.93		
	제2외국어 과목은 중요하게 다루어지고 있다.	학습자	2.86	1.17	10.57	0.002**
		교사	1.56	0.73		
학습 자 행동	제2외국어 과목을 자발적인 의지로 선택하였다.	학습자	4.02	1.33	1.01	0.318
		교사	3.56	1.33		
	제2외국어 수업이 중요하다고 생각한다.	학습자	3.57	1.13	6.76	0.011*
		교사	2.56	0.88		
	수업태도가 바르며 적극적으로 참여한다.	학습자	3.83	1.06	16.81	0.000***
		교사	2.33	0.71		
	수업준비 및 예습, 복습을 잘한다.	학습자	3.08	1.13	8.02	0.006**
		교사	2.00	0.50		
	제2외국어 학습이 미래에 유익하다고 생각한다.	학습자	3.67	1.16	0.72	0.399
		교사	3.33	1.00		

	수업을 흥미롭게 구성한다.	학습자	2.97	1.11	0.01	0.926
		교사	3.00	0.00		
	페어 활동, 팀 활동, 역할극 등을 도입한 수업을 한다.	학습자	2.65	1.29	0.21	0.647
		교사	2.44	0.88		
	발음지도를 잘한다.	학습자	3.13	1.24	0.00	0.968
		교사	3.11	0.60		
	듣기, 말하기 능력이 향상되도록 수업을 한다.	학습자	3.33	1.16	1.89	0.173
		교사	2.78	0.83		
교수자 행동	읽기, 쓰기 능력이 향상되도록 수업을 한다.	학습자	3.28	1.05	0.22	0.642
		교사	3.44	0.53		
	충분한 문법지식을 전달한다.	학습자	3.53	1.13	0.67	0.416
		교사	3.22	0.44		
	해당 국가의 문화적인 측면을 잘 소개한다.	학습자	3.74	1.11	1.87	0.175
		교사	3.22	0.67		
	적절한 교수도 구(멀티미디어 기기−컴퓨터, 카세트 등)를 사용한다.	학습자	3.43	1.12	1.25	0.267
		교사	3.00	1.00		
	수업에 도움이 되는 수업자료(잡지, 광고, 영화, 애니메이션 등)를 사용한다.	학습자	2.94	1.28	0.01	0.903
		교사	2.89	0.78		

***=P<.001, **=P<.01, *=P<.10

먼저 교육과정 영역 중에서는 제2외국어의 도입 시기 및 입시 반영 정도 순으로 만족도가 낮게 나타났다. 학습자와 교사 모두 평균 3 이하 의 만족도를 보이고 있으나, 특히 교사는 두 항목에서 모두 평균 2 이 하의 만족도를 보여 이 항목에 대해서 매우 불만족임을 나타내었다.

학습환경 영역 중에서, 학습자는 교실 멀티미디어 기기 준비 여부 항목에, 교사는 제2외국어 과목이 중요하게 다루어지고 있는가 하는 항목에 각각 평균 2 미만의 가장 낮은 만족도를 보였다. 다음으로 학 습자와 교사 모두 외국어 사용 기회에 평균 2 정도로 낮은 만족도를 보였다.

두 집단 간 만족도에 유의할 만한 차이를 보이는 항목은 교실 멀티미디어 기기 준비 여부와 제2외국어 과목이 중요하게 다루어지고 있는지로 집단 간 유의수준이 $P<.01$ 수준에서 의미 있는 차이를 보였다. 이는 멀티미디어 기기 준비 여부에 대해서는 학습자들이 교사보다 훨씬 불만족하고, 제2외국어 과목의 위상에 대해서는 교사들이 학습자들보다 더 불만족스러워하고 있는데, 그 차이가 유의해야 할 수준 내에 있으므로 개선이 필요하다는 사실을 의미한다.

학습자 행동 영역에서 학습자는 전 항목에서 평균 3 이상의 높은 만족도를 나타내고, 특히 과목 선택의 자발성에서는 평균 4 이상의 높은 만족도를 나타내고 있다. 이에 반해 교사는 과목 선택의 자발성 이외의 모든 항목에서 3 이하로 불만족스러워하고 있어 학습자와 교사 간의 견해차가 매우 크다는 사실을 알 수 있다.

제2외국어 수업을 중요하게 생각하는지에 대해서 두 집단 간의 견해차가 컸으며, 특히 학습자의 수업 태도와 수업 준비 및 예습과 복습 여부에 대해서 모두 유의수준 $P<.001$ 수준으로 큰 차이를 보였다.

교수자 행동 영역의 세부 항목 가운데서는 학습자와 교사 모두 페어 활동, 팀 활동, 역할극 등을 도입한 수업 항목에 대한 만족도가 가장 낮은데, 특히 교사의 만족도(2.44)가 학습자의 만족도(2.65)보다 더 낮은 사실은 주목할 만하다. 그러나 이 영역에 대해서는 두 집단 모두 대체로 만족하는 편이며 학습자와 교사 간에 유의미한 만족도 차이를 보이는 항목은 하나도 없었다.

이와 같은 조사 결과를 놓고 보았을 때 프랑스어를 배우는 학습자들은 교실 내 멀티미디어 설비, 해당 외국어 활용기회, 과목 학습을 위한 자료 및 정보 수입과 같은 사항이 개선되기를 바라고 있음을 알 수 있다. 같은 환경임에도 불구하고 멀티미디어 설비에 대해 학습자와 교사 간 견해차가 크게 나타나는 것은, 학교에 따라서 교실 멀티미디어 기기가 매우 부족한 경우가 있는데 그럼에도 불구하고 학습자보다는 교사들이 교실 멀티미디어 기기에 접근할 수 있는 권한을 가지고 있어 실제 사용할 수 있기 때문이며, 또 수업에서 실제로 멀티미디어의 활용이 잘 이루어지지 않는 것도 학습자 불만의 한 원인이 되는 것으로 보인다.

그 외에 학습자들은 교과서의 내용도 더 재미있어야 한다고 생각하고 있으며, 교수자의 행동에 대해서는 발음, 문법, 언어 네 기능의 지도에 대해서는 만족하지만, 상대적으로 AC에서 권장하는 수업 내의 다양한 활동에는 불만족하고 이와 같은 활동이 더 많이 도입되어야 한다고 생각하고 있음을 알 수 있다. 또 과목 선택의 자발성과 프랑스어의 유익성에 매우 높은 만족도를 나타내어 프랑스어 과목 선택에서 적극적인 의지를 가지고 있었음을 알 수 있었다.

교사들은 제2외국어 도입 시기가 더 빨라져야 하며 과목이 좀 더 중요하게 다루어져야 한다고 생각하고 있다. 또 입시 반영 정도와 학습자의 수업 준비 및 예습, 복습 여부도 개선이 필요한 부분이라고 생각하고 있음을 알 수 있다. 교사 자신에 대해서는 수업에 페어 활동이나 팀 활동, 역할극 등을 제대로 도입하지 못하고 있으며 실재자료도 더 많이 사용해야 한다고 생각하고 있는 것으로 나타났다. 또 자신의 듣기와 말하기 지도에 대해서도 학습자보다 더 만족하지 못하고 있는 것으로 나타났다.

고등학교 프랑스어 교육상황에 대한 학습자와 교사의 만족도를 알아보기 위하여 프랑스어 학습자와 프랑스어 교사 집단에 대해 시행한 설문조사에 대한 응답을 분석한 결과, 만족도가 낮아 개선이 필요한 사항들은 대체로 앞서 제기했던 바와 같이 AC이론이 우리의 현실과 맞지 않아 발생하는 문제점과 관련된 것임을 알 수 있다. 구체적인 내용을 살펴보면 다음과 같다.

첫째, 학습자와 교사 모두 의사소통 중심 수업에 요구되는 학습자들의 적극적인 참여를 유도하기에는 제작자료인 교과서의 내용이 전혀 흥미롭지 않다는 데 공감하고 있다는 점이다.

1장에서 언급한 바와 같이 교과서는 어휘나 문법, 의사소통 기능 사용에 대한 제약 아래서 제작되므로 실재성이 떨어질 수밖에 없고, 이 때문에 언어의 실제 사용 맥락을 알 수 없게 됨은 물론 학습자들의 흥미를 감소시키는 결과를 가져오는 것으로 보인다. '어떤 내용이든 교과서에 있는 것은 재미가 없다'는 학습자들의 말처럼 교과서에 따라 정도의 차이는 있지만, 현재 교과서는 학습자의 흥미를 불러일으키고 적극적인 참여를 유도하기에는 너무 단조롭고 재미가 없는 것이 사실이다. 교과서가 듣기, 말하기, 읽기, 쓰기 순서로 구성된 점 또한 수업을 지루하게 만드는 요인이 되고 있는 것으로 생각된다.[21] 듣기와 말하기 활동이 어려우므로 수업이 교사가 설명하는 방식으로 이루어지기 때문이다. 실제로 이와 같은 순서로 수업을 진행하기에는 무리가 있다는 지적이 있었다. 학습자들은 자신이 전혀 모르는 새로

---

21) 이것은 제1언어(모국어)와 제2언어(외국어) 습득 과정을 동일시한 결과이다. 어린이의 언어발달 과정은 듣기, 말하기, 읽기, 쓰기 순서로 진행되므로 읽기와 쓰기는 언어발달의 상위단계로 여겨져 듣기와 말하기 다음에 제시된다(Stern, 1970:57-58, Brown, 2007:55에서 재인용). 그러나 제1언어와 제2언어의 습득 과정이 동일하다는 데는 이론의 여지가 많으며, 아직 명확한 결론은 없으나 제1언어 습득 과정을 통한 제2언어 습득 과정의 직접적이고 전반적인 유추는 잘못된 것이라는 인식이 일반적이다(Ibid, 55-56).

운 내용을 먼저 들어야 한다는 데 대한 부담을 안고 있으며, 교사들 역시 같은 내용을 여러 번 반복해서 설명해야 하는 부담을 갖게 된다.

둘째, 학습자와 교사 모두 대학 입시에서의 반영 정도와 제2외국어 과목의 위상에 대해 매우 불만족스러워하고 있다는 점이다.

학습자는 자신이 좋아하는 제2외국어 과목에서의 성취가 입시로 이어지지 않음으로 인하여 학습 자체에 의미를 느끼지 못하고 학습을 소홀히 하게 되는 것으로 보인다. 학습자가 수업에 흥미를 갖지 않고 비협조적인 경우 교사의 의욕은 저하될 수밖에 없으므로 외국어 수업이 성공적으로 이루어지기는 힘들다(Bourguignon, 2007:2). 많은 교사가 대학 입시에서 일부 대학만이 제한적으로 제2외국어 과목 점수를 반영함으로 인하여 고등학교 수업이 정상적으로 이루어지지 않는다고 생각하고 있다. 이것은 수업에서의 학습자 행동에 대한 불만족 정도로 알 수 있는데, 현재 수업에서 학습 동기를 강화하고 학습자 행동을 유발하는 가장 큰 요인이 입시에서의 반영 정도이기 때문이다.[22]

셋째, 학습자와 교사 모두 제2외국어 도입 시기가 너무 늦어 충분한 학습시간이 보장되지 못한다고 생각하고 있다는 점이다. 현재 고등학교의 학습시간으로는 의사소통 능력을 제대로 함양할 수 없다. 게다가 입시와 큰 관련이 없는 제2외국어 수업은 주어진 시간 안에서도 제대로 이루어지기는 힘든 상황이다.

넷째, 언어의 실제 사용과 연습을 위한 학습환경이 갖추어져 있지

---

[22] 학습자 행동은 학습 동기와 관련되어 있다. 현재 고등학교 교육 전반은 대학입시에 의해 좌우된다. 입시는 학습자들에게 강한 수단적 동기로 작용하는데, 제2외국어를 배우는 학습자들은 수단적 동기를 전혀 가질 수 없으므로 초기 학습의욕이 낮아지게 되고 이는 불성실한 학습자 태도로 이어지게 된다.

않다는 점이다. 교사들 자신도 인식하고 있듯이 학습자들에게 훌륭한 언어적 모델이 되기에는 교사의 역량이 충분하지 않은데 원어민 강사는 물론 이 역할을 대신할 멀티미디어 기기마저 제대로 갖추지 않은 경우가 많기 때문이다.[23] 또한, 1장에서 언급한 바와 같이 이질언어 학습환경에서 해당 외국어를 학습해 사용할 기회가 거의 없는 것도 학습자들의 학습 흥미를 감소시켜 의사소통 수업을 어렵게 만드는 요인이다.

다섯째, 교수자 행동 부분에 대해서는 과거와 달리 많이 개선되어 학습자와 교사 사이에 견해차가 크지 않은 것으로 나타났다.[24] 그러나 여전히 흥미로운 수업 진행 및 페어 활동, 팀 활동, 역할극 도입, 교과서 이외 다양한 교수자료의 이용 등에 대한 요구가 있는 것으로 보아 과다한 학습자 수와 충분하지 못한 학습시간, 교사의 역량 등의 문제로 현재 수업이 AC에 기반을 둔 수업이 요구하는 사항들을 제대로 실천하기에는 힘든 상황에 있음을 알 수 있다.

조사 결과, 학습자와 교사 집단은 세부항목에서는 전체 24개 항목 중 9개 항목에서 유의수준 내 만족도 차이를 나타내었다. 현재 고등학교 제2외국어 수업에서 학습자와 교사가 나타내는 만족도는 항목에 따라 비슷한 정도인 경우가 더 많음을 알 수 있다. 결국, 학습자들의 요구는 학습에 필요한 풍부한 자료와 정보를 얻을 수 있는 주변 환경, 멀티미디어 기기가 잘 갖추어진 교실 환경을 확보하고 해당 언어를 충분히 사용해 볼 기회를 얻는 것이라고 할 수 있다.

---

23) 학교에 따라 다르나 교실에 컴퓨터가 설치되어 있지 않은 경우, 또 설치되어 있더라도 컴퓨터가 구형이거나 제대로 작동하지 않는 경우가 많은 것으로 조사되었다.

24) 교수자 행동에 대해서는 두 집단 모두 평균 3 이상으로 만족하고 있었다. 그러나 학습자들의 설문 작성이 교사의 주도하에 이루어졌으므로 학습자들이 교수자 행동에 대해 부정적인 응답을 하기 어려웠을 가능성이 있다는 것도 염두에 둘 필요가 있다.

교사들의 가장 큰 요구는 학습 시기를 앞당겨 충분한 교수·학습 시간을 확보하고, 더 많은 대학이 제2외국어를 입시에 반영하여 제도권 교육 내에서 제2외국어의 위상을 높이고 정상적인 수업이 가능하도록 유도해야 한다는 것이다. 다만 학습자들의 만족도를 비추어 보았을 때 교사들이 느끼는 것만큼 수업상황이 비관적이 아니라는 것은 염두에 두어야 할 사항이다. 결국, 학습자의 요구는 '언어학습' 자체에 초점이 맞추어져 있으며 교사의 요구는 '제도개선'에 있음을 알 수 있다.

2. 학습자 태도

외국어 학습 과정과 학습에 관계되는 요인에 관한 연구는 매우 광범위하고 다양하게 이루어지고 있는데, 이는 학습에서 학습자의 인지적·정의적 요인이 매우 다양하게 작용하기 때문이다. Brown(2007:xi) 역시 오늘날 언어 습득에 관한 연구목록은 A에서 Z까지 망라할 수 있을 정도로 다양하다고 주장하면서 학습자의 인지적·정의적 고려 사항을 그중 하나의 연구 항목으로 제시하고 있다. 인지적 요인은 학습과제 성취에 필요한, 학습자가 현재 갖추고 있는 학습 정도를 의미하는 것으로, 학습자 표상이나 선행학습, 학습자의 지능, 적성, 인지유형 등의 개념을 포함하는데, 이러한 요소들은 학습의 성취도에 영향을 미친다. 정의적 요인은 학습자가 학습하려고 하는 과제에 대해 일반적으로 가지고 있는 흥미와 태도, 자아개념, 동기, 요구 등을 의미하며, 이러한 요소들 역시 학습의 성취도에 영향을 준다. 이러한 요인들 가운데 표상과 선행학습, 동기, 요구를 학습자 태도 분석 요소로 살펴보도록 하자. 적성과 지능, 인지유형, 자아개념 등은 특별히 외국어 학습 연구 영역에서만 요구되는 요소가 아니라고 생각되고 흥미는 학습 동기와 연관된다고 생각되므로 논의에서 제외할 수 있다. 프랑스어 학습자의 인지적·정의적 요인에 대한 분석은 앞서 제시한 만족도 조사와 함께 2008년 당시 실시된 것이다.

표상

표상이란 외부의 세계를 마음속에 담아내는 것으로 학습자가 학습하는 언어뿐만 아니라 그 언어를 사용하는 나라와 그 언어권에 사는 사람과 문화에 대해서 가지고 있는 이미지나 고정관념, 선입견, 편견, 환상, 태도 등을 의미한다(Cuq, 2003:214-215). 외국어 학습에서의 표상이란, 사회적인 요소들을 배제한 개인의 정신작용 및 인지작용에만 관심을 기울이는 인지심리학의 정신적 혹은 인지적 표상과 비교되는 개념으로서 사회적 표상의 의미가 더 크다. 외국어 학습에는 개인의 인지작용으로 인하여 발생한 표상보다는 사회적 요소가 반영된 표상이 더욱 큰 작용을 하기 때문이다.

Moscovici(1961:26)에 따르면 사회적 표상이란 '행동양식과 개인들 간의 의사소통을 만들어 내는 기능을 하는 특수한 지식 양태'이며 하나의 과정이자 동시에 결과물로서 언제든지 변화 가능한 유동적인 성격을 가지고 있다. 학습자의 표상은 학습자 개인의 경험, 즉 가정과 학교, 사회생활을 통해 형성된 것으로서 교육은 물론 대중매체와 인터넷 정보, 책, 주변의 가족, 친구, 교사 등의 영향을 받으며 현재 형성되어 있는 것이라도 앞으로 새로운 경험을 통하여 변화할 수 있다.

표상은 학습자들에게서 다음과 같은 중요한 역할을 한다.

첫째, 목표어와 목표어를 사용하는 국가에 대한 정보가 많지 않은 상태의 학습자들은 자신이 가지고 있는 표상으로 외국어를 선택하고 학습 동기를 부여받으며 또 학습을 지속할 가능성이 크다는 점이다. 목표어와 목표어를 사용하는 국가와 사람들에 대해서 가지고 있는 긍정적인 표상은 학습 동기를 유발하게 되며 학습과 학습의 지속에도 긍정적인 작용을 하지만, 반대로 부정적인 표상은 학습 동기의 유발 및 학습과 학습 지속을 저해하는 요소가 되기도 한다. 또 목표어를 사용하는 국가나 사람에 대해 가지고 있는 지나친 환상이나 잘못된 선입견, 고정관념 등은 학습자가 제시된 목표어를 정확하게 이해하는 데에도 부정적인 영향을 미친다.

둘째, 외국어 학습에서 학습이란 필연적으로 다른 언어로 소통되고 있는 세계와 문화의 간섭을 동반하게 되는데, 학습자는 자신이 가지고 있는 표상에 따라 이를 해석하고 목표어를 이해한다는 점이다. 표상은 목표어와 관련하여 세계를 해석하고 이해하고 표현하는 방식으로서의 '특수한 하나의 지식 양식(mode de connaissance spécifique)'이며 '인지체계(systèyme cognitif)'이기 때문이다(Jodelet, 1989:36).

2008년 고등학교 프랑스어 학습자의 표상은 다음과 같이 조사되었다.

긍정적인 표상	부정적인 표상
프랑스 - 가보고 싶다, 문화의 나라, 낭만적이다, 분위기 있고 수준이 높다, 아름답다, 문화재가 많다, 디자인이 발달했다, 화려하고 세련되었다, 강하다, 전통이 있다, 자유롭다. (11)	프랑스 - 미국보다 거리감이 있다, 인종차별로 인한 시위가 있다, 예술 면에서 한국을 앞설 뿐 나머지는 한국과 같다, 남의 것을 빼앗아 왔다. (4)
프랑스인 - 키가 크다, 말을 빨리한다, 말을 잘한다, 우아하다, 좋다, 따뜻하다, 잘생겼다, 옷을 잘 입는다, 개성이 있다, 여유 있는 삶을 산다, 잘 웃는다, 신사적이다, 자기 나라에 대한 자긍심이 있다, 매너가 있다, 느긋하다. (15)	프랑스인 - 수다스럽다, 시간관념이 없다, 한국인을 싫어한다, 음식을 많이 먹는다, 성미가 급하다, 이기적이고 개인주의적이다. (6)
프랑스어 - 새롭다, 뿌듯하다, 발음이 재미있다, 희귀성이 있다, 멋있다, 고급스럽다, 신기하다, 매력적이다, 발음이 예쁘다, 부드럽다, 유용하다. (11)	프랑스어 - 발음과 문법이 어렵다, 느끼하다, 생소하다, 앞으로 쓸모가 없을 것 같다, 철자법이 어렵다, 멋있어 보이나 아주 좋지는 않다. (6)
도시 - 파리 (1)	역사 - 단두대, 절대왕정, 냄새, 부르주아의 표상 (4)
역사와 문화 - 예술, 에펠탑, 바로크, 로코코, 향수, 바게트, 요리, 베르사유, 혁명, 드레스, 명품점 (11)	
(총 49항목)	(총 20항목)

　　프랑스어 학습자 표상에서 프랑스와 프랑스인에 대한 표상은 대체로 긍정적으로, 기성세대의 영향으로 보이는 그간 한국사회에 형성되어 있는 이미지들— 예술, 낭만, 자유 등—이 많았다. 대중매체에 자주 등장하는 이미지—파리, 에펠탑 등—가 학습자들에게도 강하게 남

---

25) 의미가 다소 중첩되는 경우도 있으나 설문조사 대상 학습자들이 언급한 단어나 문장을 하나의 항목으로 하였다.

아 여전히 하나의 스테레오 타입으로 자리 잡고 있음을 알 수 있다. 그러나 디자인, 드레스, 명품점 등이 언급된 것은 학습자들이 기성세대보다는 구체화된 표상을 가지고 있다는 사실을 방증한다. 접촉할 기회가 많지 않아 프랑스인에 대해서는 한국에 거주하며 대중매체에 자주 등장하는 특정인의 영향으로 생긴 것—말을 빨리한다, 수다스럽다, 잘 웃는다 등—의 표상이 강했다. 특정 경험으로 인한 표상—시간관념이 없다, 성미가 급하다, 한국인을 싫어한다—이 소수 언급되었으며 추상적인 표상—낭만적이다, 분위기 있고 수준이 높다, 신사적이다, 자유롭다 등—이 많은 것이 두드러졌다.

역사와 문화 부분으로 분류된 표상에서는 학습한 교과서의 영향인 경우—혁명, 단두대, 절대왕정, 베르사유 등—와 프랑스의 사회적 이슈에 관한 신문 기사의 영향인 경우—인종차별로 인한 시위가 있다 등—가 많았는데, 학습자 대부분이 같은 단어를 언급해 역사와 문화 부분에 대해서 많은 학습자가 넓지 않은 범위에서 동일한 표상을 가지고 있는 것으로 보인다.

프랑스어에 대해서는 대체로 자주 접할 수 없는 매력적인 언어로 인식하고 있고, 이를 배운다는 점에 대해서 자부심을 느끼고 있었다. 그러나 소수 학습자의 유용할 것이라는 응답도 있었지만, 대부분의 경우 어렵다고 생각하며 앞으로 유용성이 있을지에 대해서 의문을 가지고 있었다.

학습자 표상 조사 결과를 바탕으로 앞으로의 교수·학습에 고려해야 할 사항은 다음과 같다.

첫째, 프랑스어 학습자들이 대체로 추상적인 표상을 가지고 있다는 사실로 미루어보아 프랑스어 학습에서는 프랑스 하면 떠올리게 되는 이미지나 선입견이 학습에 영향을 줄 가능성이 더 크다.26) 또 추상적인 표상은 목표어와 목표어 문화의 실체에 대해서 잘 모른다는 사실을 의미하므로 실제 프랑스와 프랑스인들의 사회상과 문화를 이해할 수 있도록 구체적인 문화요소를 교수·학습할 필요도 더 커진다.

둘째, 프랑스어 학습자들은 대체로 긍정적인 표상을 가지고 있으나 교수·학습에서는 긍정적 표상을 더욱 강화하고 부정적 표상은 객관적 인식으로 전환시키는 노력이 필요하다. 이러한 노력을 통하여 학습시간이 경과함에 따라 학습 의욕이 약화되는 문제를 완화하는 한편 상호문화적 태도를 기를 수 있다.27)

셋째, 학습자들이 언급한 내용으로 보아 학습자들의 해당 국가에 대한 지식은 매우 제한적이다. 따라서 의사소통 기능의 습득 과정을 거쳐 언어의 사용에 이르기까지는 많은 시간이 걸릴 것이라는 점을 고려해야 한다.

선행학습

선행학습이란 새로운 학습을 시작할 당시 학습자가 이미 축적하고 있는 인지적 학습 경험 및 지식이라고 할 수 있으므로 선행학습 정도

---

26) "문화적 능력은 공유된 표상의 집합체인데 이것은 흔히 제한적이고 변형된 집단적 이미지이며 의사소통 행위를 위해 필요로 하는, 준비된 알기, 생각하기, 말하기(prêt-à-connaître/penser/dire) 방식을 구성원에게 제공한다. 표상은 가상의 인류, 사회, 문화(ethno-socio-culturel) 공동체의 의사소통 능력의 기본 구성요소이다(Boyer, 2001:334)."

27) "외국어 학습에서 표상은 우리 문화와 목표어 문화 사이의 관계를 돌아보게 하고, 이러한 관계화는 외국어 교수활동의 상호문화적 성격과도 일치하는 것으로서 고정관념에 대한 재고를 동반하게 된다. 따라서 교사가 학습자들과 함께 표상에 대해 공부하는 것은 필수적이다. 이것은 목표어 문화에 고유한 문화적 코드를 알게 하고 다룰 수 있게 만들어 준다(Collès, 2006:11-12)."

는 초기 학습의 용이성과 직결된다고 할 수 있다. 선행학습은 두 가지로 생각할 수 있는데, 하나는 프랑스어와 특별한 관계가 없는 전반적인 인지적 학습 경험이라고 할 수 있고, 또 하나는 학습자가 목표하고 있는 프랑스어에 관한 선행학습 경험이라고 할 수 있다.

선행학습은 학습자가 가정환경이나 사회환경, 학교환경에서 얻은 학습 요소를 비롯한 모든 인지적 경험과 학습자가 프랑스어 수업이 시작되기 이전에 얻은 목표 외국어에 관한 지식과 경험 모두를 의미한다. 두 가지는 모두 수업과 학업 성취에 영향을 주지만 특히 프랑스어에 대한 선행학습은 교수・학습이 이루어지는 외국어 교실 수업과 학업성취에 더 많은 영향을 줄 것이다.

프랑스어 학습은 고등학교 2학년에서 처음 시작하기 때문에 프랑스어 학습에 관한 한 학교 내에서 이루어진 선행학습은 전무한 상태라고 가정할 수 있지만 실제로는 개인에 따라 편차가 있다. 프랑스어 학습이 시작되는 고등학교 2학년 3월 초, 현재 상황에서 선행학습에 대해 질문한 결과는 다음과 같다.

<표 4> 선행학습 여부

구분	있다	없다	전체
응답 수	3	83	86
비율	3.5	96.5%	100%

* 무응답: 없음

또 '선행학습은 어떤 방식이었는가'에 대한 응답은 다음과 같았다.

<表 5> 선행학습 경로

구분	중학교수업	학습지	관심 있어서 혼자 책으로	부모님, 주변인	학원	현지체류	전체
응답 수	0	0	1	0	2	0	3

프랑스어 학습자 86명 중 3명만이 선행학습이 있었던 것으로 응답하였다. 3명의 학습자 중 1명은 관심이 있어서 혼자 학습한 경우이고, 나머지 2명은 새로 배우게 될 과목에 대한 부담이나 관심으로 특별히 학원에 다닌 경우로 조사되었다. 현재 중학교에서 생활 외국어로 프랑스어를 개설하고 있는 학교는 하나도 없으므로 중학교 수업을 통한 선행학습은 전혀 없었다.

이와 같은 결과로 보아 학습자 대부분이 같은 수준으로 교사가 수업을 설계하고 주도해 나가는 데 학생 간의 수준 차이로 인한 어려움은 없을 것으로 예상되고, 실제 수업에서 나타나는 학습자의 높은 성취도는 고등학교에서 이루어진 학습의 결과라고 판단할 수 있게 된다. 선행학습 정도를 보았을 때 프랑스어 학습자는 해당 언어에 관한 정보가 전혀 없는 상태이고, 학습에는 이미 형성되어 있는 표상과 다음에 논의할 동기만이 영향을 줄 것으로 생각한다.

학습 동기

동기란, 일정한 목표에 도달하기 위한 개인의 행동을 유발하는 심리적 움직임으로써 일반적으로 목표 추구 행동을 일으키는 유기체의 심리적 기제라고 할 수 있다(Galisson et al, 1976:360 참조). Nuittin(1985:13)에 따르면 동기는 좋아하는 상황이나 대상을 향하여 적극적으로 행동을 이끌어 가도록 만드는 요인이다.[28] 또 Keller(1983:389)는 동기를 '어떤 목적 혹은 경험에 대한 접근이나 회피를 선택하고 이를 위해 얼마만큼의 노력을 들일 것인가를 결정하는 것'이라고 정의하였다.

Gardner & Lambert(1972:182, 224-229)는 외국어 학습 동기를 수단적 동기(motivation instumentale)와 통합적 동기(motivation intégrative)로 구분하였다. 수단적 동기는 그 언어를 배움으로써 누리게 될 실용적 혜택과 취업, 승진, 학점 취득, 진학 등에 관계되는 것이고, 통합적 동기는 해당 민족과 문화에 대한 개인적인 관심이나 외국어 자체에 대한 관심, 외국어를 배우려는 욕구와 관계된다. Bailey(Brown, 2007:175에서 재인용)는 동기를 내적 동기(motivation interne)와 외적 동기(motivation externe)로 구별하는데, 이는 동기가 학습자의 내부로부터 생긴 것인지 외적인 요인에 기인한 것인지에 따라 구별한 것이다. 학습 동기의 근원이 어디에 있느냐가 학습에 중요한 영향을 미친다는 관점이다. 일반적으로 학습자가 특정한 동기만을 가진 경우는 드물어서 이 네 가지 동기는 서로 배타적인 것은 아니고 복합적으로 나타나게 된다.

<표 6> Dichotomies Motivationelles

구분	내적 동기	외적 동기
통합적 동기	L2 학습자가 L2 문화와 통합되고 싶어 하는 경우(예: 목표국가와 언어에 대한 흥미와 관심, 이민, 결혼)	L2 학습자 이외의 사람이 L2 학습자에게 통합적인 이유로 L2를 배우도록 요구하는 경우(예: 한국인 부모들이 자녀를 외국인 학교에 보내는 경우)
수단적 동기	L2 학습자가 L2를 사용하여 목표를 달성하고 싶어 하는 경우(예: 취업, 승진, 진학)	외부의 힘으로 L2 학습자가 L2를 배우는 경우(예: 학교에서 외국어를 배우는 경우)

* Bailey의 Motivational dichotomies 참조

---

28) "La motivation concerne la direction active du comportement vers certaines catégories préférentielles de situations ou d'objets."

학습자들의 학습 동기를 알기 위한 설문지 문항을 분석한 결과는
다음과 같았다.

<표 7> 학습 동기

① 해당 언어에 대한 관심과 흥미	36(42.9%)
② 국제, 타문화 이해	6(7.1%)
③ 해당 국가의 문화에 관심	25(29.8%)
④ 장래 진학, 진로, 취업을 위하여	1315.5%
⑤ 다른 제2외국어에 비해 쉬울 것 같아서	5(6.0%)
⑥ 다른 제2외국어에 비해 활용가치가 높을 것 같아서	4(4.8%)
전체	89(100%)

* 중복응답: 3, 무응답: 2

학습 동기에 관한 질문에 학습자는 '해당 언어에 관심과 흥미가 있
어서' 그리고 '해당 문화에 관심이 있어서'라고 대답한 경우가 가장
많았다. 선택문항의 ①~③번까지를 통합적 동기라고 보고 ④~⑥번
까지를 수단적 동기[29]라고 보았을 때, ①~③번 문항에 답한 학습자
의 수가 모두 67명으로 통합적 동기를 훨씬 많이 가지고 있음을 알
수 있다. 중복응답이 있다는 사실은 외국어 학습에서 동기는 한 가지
가 아니며 통합적 동기와 수단적 동기가 복합적으로 작용한다는 사
실을 말해준다.

주목할 만한 점은 제2외국어 학습을 처음 시작하는 3월인 경우 통
합적 동기 수준이 상당히 높게 나타나지만, 2학년이 종료되는 12월의
경우 대입 수학능력 시험이라는 외부압력이 가중됨으로 인하여 통합

---

29) 면담 결과, 학습자들은 '⑤ 다른 제2외국어에 비해 쉬울 것 같아서'라는 항목을 학습의 용이성과 동시
에 이로 인해 높은 점수를 받는 것 역시 용이할 것이라는 의미로 해석하고 있음을 알 수 있었다. 따라서
수단적 동기로 분류하였다.

적 동기가 상당히 약화한다는 점이다.[30] 고등학교 2학년 학습자들은 제2외국어 학습 동기에 대한 질문에 학습이 시작되는 3월과 3학년 진급을 앞둔 12월에 다른 응답을 내놓았다.

3월에는, '해당 국가로 여행하고 싶다', '목표어를 구사하는 외국인과 만나 자유롭게 대화할 수 있었으면 좋겠다', '해당 국가의 문화를 알고 싶다', '한국 이외의 다른 나라에 대해서 알고 싶다', '해당 언어로 된 노래, 영화 등을 자유롭게 감상할 수 있었으면 좋겠다' 등으로 대답했지만, 12월에는 제2외국어로 입학 가능한 대학과 학과가 있는지, 제2외국어의 가산점을 부여하는 대학이 어디인지를 알고자 하는 경우가 많았다. 일반적으로 학습이 진행됨에 따라 내적 동기가 강화되는 것이 보통인데 대학 입시가 가까워짐에 따라 내적 동기가 점점 약해짐을 관찰할 수 있다. Brown(2007:174)은 수단적 동기에서 통합적 동기로, 외적 동기에서 내적 동기로 나아가는 것이 학습 효과를 높이

---

30) 이와 관련하여 영어 과목에 대한 다음의 연구 결과(교육인적자원부, 2007) 역시 학령 수준이 높아질수록 외국어 학습 시간, 학습 정도와 비례하여 학습자들의 내적·통합적 동기가 약화되고 있음을 보여주는 좋은 예다(http://www.mest.go.kr/main.do 참조).

<왜 영어를 공부하는가?>

구분	좋아해서	진학, 취업준비를 위해
초등학생	31.2%	58.8%
중학생	20.8%	52.1%
고등학생	14.6%	73.5%

<영어로 말하려고 노력하는가?>

구분	매우 그렇다	그런 편이다
초등학생	20.3%	26.1%
중학생	5.0%	21.1%
고등학생	3.0%	9.8%

고 학습을 지속시킬 수 있다고 하였는데, 이와 같은 측면에서 보았을 때 고등학교 학습자의 동기 변화 추이는 바람직한 것은 아니다.[31]

학습의 용이성을 학습 동기로 응답했던 학습자들은 학습이 시작된 이후 다음과 같이 변화된 응답을 하였다.

<표 8> 학습 동기 중 '쉬울 것 같아서'라는 응답이 여전히 유효한가?

예	아니오	무응답	전체
1(20.0%)	3(60.0%)	1(20.0%)	5(100%)

학습 동기 중 '쉬울 것 같아서'를 선택했던 학생 중 60%가 일정 학습 시간이 지난 후에는 초기의 그런 생각이 잘못된 것으로 판단하고 있는 것으로 나타났다. 5명 중 3명이 초기의 생각과는 달리 현재 학습하고 있는 외국어가 어렵다고 응답하고 있다. 학습 요소로 인한 어려움 이외에 목표어에 대해 어렵다는 인식을 가지게 되는 또 다른 이유는 학습 진도를 학습자 개인의 학습 역량 부족으로 따라가지 못하거나 학습자가 복습을 소홀히 하여 이미 배운 내용의 완전한 학습이 이루어지지 않기 때문으로 보인다.

그리고 제2외국어로 현재 배우고 있는 프랑스어가 아닌 다른 언어를 선택한다면 무엇을 고르겠는가 하는 질문에 대한 응답은 다음과 같았다.

---

31) 그런데 제2외국어의 경우, 대학입시의 반영 정도가 미미하므로 당장 현실적인 이득을 볼 수 없다는 면에서 수단적 동기와 외적 동기마저 매우 약해지게 된다.

독일어	11(13.1%)
스페인어	19(22.6%)
러시아어	9(10.7%)
중국어	14(16.7%)
일본어	25(29.8%)
아랍어	6(8.0%)
전체	84(100%)

* 무응답: 2

'제2외국어 과목을 다시 선택한다면 무엇을 고르겠느냐'는 질문에 학습자는 일본어와 스페인어 순으로 답하였다. 학습시간이 지남에 따라 학습 동기가 약해지고 있음에도 불구하고 여러 언어에 고루 응답한 것으로 보아 학습자들은 동양어나 서양어 모두에 관심이 많고 시간과 여건이 허락한다면 이를 모두 학습하고 싶어 한다는 사실을 알 수 있다.

학습 요구

앞서 언급한 바와 같이 요구는 차이와 선호, 부족 등에 의해 설명될 수 있는 매우 광범위한 개념이다. 그러나 교육과정이 AC의 이념을 전제하고 설계되었을 때의 요구란 주로 최종 수업[32]이 끝난 후 학습자들이 도달해야 할 의사소통 능력의 수준과 학습자들의 현재 수준과의 차이를 말한다. 또 학습자들이 원하는 구체적인 의사소통 기능 목록을 결정하는 과정에서 표출되는 요구라고 할 수 있다. 따라서 이

---

32) 본 연구의 논의는 외국어Ⅰ 과목에 한정되므로 최종 수업이란 프랑스어Ⅰ이 종료되는 시점을 말한다.

때의 요구분석이란 학습이 시작되는 시점과 종결되는 시점의 수준 차이를 확인하는 작업이며, 의사소통 기능을 비롯하여 학습자들이 학습할 언어적 내용을 확인하는 작업이다. 학습을 구성하는 데 있어서 학습자가 어떤 목표를 가지고, 어떤 언어 내용과 기능(듣기·읽기·말하기·쓰기)을, 어떤 방식으로 학습하기 원하는지 파악하는 것은 매우 중요하다. 이러한 요구분석은 이 요구를 만족하게 하는 최선의 방안이 무엇인지를 규명하여 교육목표 설정과 교육내용을 구성하는 데 도움을 주기 때문이다.

Brindley(1984)는 학습자의 요구를 진단 주체에 따라 객관적 요구와 주관적 요구로 구별하였고, 요구 진단 시기에 따라서 처음의 요구, 진행 중의 요구로 분류하였다(Nunan, 1999:149 참조).

① 객관적 요구: 학습자에 대한 개인적 데이터를 기초로 하여 교사가 진단할 수 있는 언어 숙달도와 언어 사용 유형 및 교사의 개인적인 자료 분석으로 진단된 요구를 말한다.
② 주관적 요구: 학습자의 희망이나 바람, 기대, 결핍의 표현과 같은 것으로 쉽게 진단하기 어렵고, 대부분의 경우 학습자 자신도 진술하기 어려운 요구이다.
③ 처음의 요구: 학습 과정이 시작되기 전의 요구이며 교육과정 전문가에 의해 진단되는 요구로 교사의 통제 밖에 있는 것이다.
④ 진행 중의 요구: 학습 과정이 시작된 후 교사에 의해 비교적 비공식적으로 진단되는 요구이다.

Nunan(1999:149-150)은 주관적 요구를 다시 내용 요구와 과정 요구로 세분하였다.

① 내용 요구: 주제와 문법, 기능, 개념, 어휘 등의 선택과 순서화에 관한 요구로 전통적으로 교수요목 설계 영역과 관련된 요구이다.
② 과정 요구: 학습과제와 경험들의 선택 및 순서화에 관한 요구로 전통적으로 교수 방법론의 영역과 관련된 요구이다.

이와 같은 요구들은 교수·학습 내용을 설계하거나 구성하기에 앞서 고려해야 할 사항들이다. 설계자는 다양한 학습자의 주관적 요구를 바탕으로 객관적 요구가 무엇인지 판단해야 하며, 학습자들이 원하는 학습 내용은 무엇이며 또 이를 어떤 방식으로 제시할 것인지 결정해야 한다. 학습자 분석과 관련된 요구에 관한 논의는 주로 학습자들이 스스로 표출하는 교육내용에 관한 것이므로 주관적 요구와 내용 요구를 중심으로 진행된다.

다음으로는 이러한 Brindley와 Nunan의 견해를 바탕으로 고등학교 학습자에게 필요한 분석 항목을 설정하여 이들에 대한 요구를 알아보도록 하겠다. 먼저 학습자들의 현재 수준과 기대 수준을 밝히고 요구분석 항목으로 교육과정이 제시하는 내용 중 학습 목표와 언어 네 기능, 언어 재료, 수업방식, 수업도구, 오류수정에 관한 질문 항목을 통하여 학습자의 요구를 밝혀보도록 한다.

1) 학습자의 현재 수준
먼저 학습자들의 현재 수준을 알아보기 위하여 해당 외국어를 배우기 시작할 당시, 즉 고등학교에서 외국어 학습을 시작할 2학년 3월 당시의 자신의 수준에 대해 질문한 결과는 다음과 같았다.

<표 10> 학습자 현재 수준

전혀 모른다	64(74.4%)
문자만 아는 정도	18(20.9%)
쉬운 문장을 읽고 이해할 수 있는 정도	0(0.0%)
쉬운 문장을 듣고 이해할 수 있는 정도	4(4.7%)
간단한 대화	0(0.0%)
원어민과 자유롭게 대화	0(0.0%)
해당 외국어 자격증 소지	0(0.0%)
전체	86(100%)

프랑스어 학습 시작단계이므로 학습자의 현재 수준은 선행학습과 관련이 있는데, 앞서 밝힌 바로는 학습자의 선행학습은 거의 없다고 할 수 있다. 현재 수준에 대한 질문에 학습자의 90% 이상이 전혀 모르거나 문자만 아는 정도라고 답하였다. 따라서 학습자들의 2학년 3월 초 현재 수준은 프랑스어에 대한 지식이 전혀 없는 상태로 규정할 수 있으므로 학습자의 현재 수준은 백지 상태[33]라고 보는 것이 타당하다.

2) 학습자 기대수준
다음은 학습자들이 1년간의 학습 후에 도달하고자 하는 학습 수준을 알아보도록 하겠다.
3월 초 제2외국어 학습을 시작하는 학습자들을 대상으로 질문하였

---

33) 아무런 선행지식이나 사고를 갖고 있지 않은 상태.

을 때 학습자 대부분은 '목표어로 기본적인 대화를 할 수 있었으면 좋겠다'고 답하였다. 또 일부는 '자격증을 취득하여 대학 진학에 도움이 되도록 하고 싶다'고 대답했다. 그러나 실제로 수업 이외의 개별 학습 없이 고등학교 수준의 학습만으로 자격증을 취득하는 것이 어렵고, 또 이는 소수 학습자의 요구이므로 '목표어로 기본적인 대화를 할 수 있었으면 좋겠다'라는 응답을 중심으로 논의를 진행하기로 한다.

'기본적인 대화'에 대한 생각은 학습자마다 달랐다. '기본적인 대화'가 무엇이냐는 질문에 학습자들은 인사말과 자기소개를 할 수 있는 수준, 혹은 길거리에서 외국인을 만났을 때 길 안내를 할 수 있는 수준, 영화나 드라마, 노래를 어느 정도 이해할 수 있는 수준, 한국 학교를 방문하는 외국 학생들과 한두 시간 정도의 교류에 필요한 대화 수준, 외국인 학생들의 홈스테이 프로그램에 참여할 수 있는 수준, 외국 여행을 할 수 있는 수준, 외국에 유학하게 되었을 때 생활에 불편함이 없을 정도의 언어 구사 수준 등으로 다양하게 답하였다. 즉, 최종 수업이 끝났을 때 도달하고자 하는 목표는 학습자마다 매우 다르게 나타났다.

3) 교육목표에 대한 요구

학습자들이 교육목표에 대해 정확한 인식을 하고 있는가 하는 점에 대해서는 의문의 여지가 있다. 설문의 분석 과정과 학습자들과의 대면 접촉을 통하여 많은 학습자가 '의사소통 능력'을 구어의 실현과 동일한 것으로 생각한다는 것을 알 수 있었기 때문이다.[34] 따라서 교

---

34) 이와 같은 인식은 구어의 실현이 학습자들에게 매우 흥미로운 일인 데다가 제6차 교육과정부터 제시되기 시작한 대화문 형식의 의사소통 기능 예시문이 교수·학습·평가에 상당히 많은 비중을 차지하기 때문으로 보인다. 또 제4차와 제5차 교육과정에 걸쳐 시도되었으며, 특히 구어를 강조하

육목표에 대한 질문항은 학습자들이 이를 주로 구어 의사소통 능력
으로 받아들이고 있다는 점을 전제로 한다.

현재 시행되고 있는 제7차 교육과정, 제2외국어 과목의 교육목표
인 '기초적인 의사소통 능력 배양'이라는 항목이 효율적이고 이상적
이라고 생각하는가에 대한 학습자 응답의 결과는 다음과 같았다.

<표 11> 교육목표에 동의 여부

예	아니오	전체
58(67.4%)	28(32.6%)	86(100%)

교육목표에 대해서 학습자의 67% 이상이 동의하고 있어서 학습자
들 대부분이 의사소통의 필요성에 매우 공감한다는 사실을 확인할
수 있다. 그러나 실제로 교육목표가 '기초적인 의사소통 능력 배양'이
라는 사실을 알고 있는 학습자는 많지 않았는데, 이는 실제 수업에서
이러한 용어나 개념을 언급하는 경우가 없다는 것이 하나의 이유라
고 생각된다. 또 학습자들은 교사와 함께하는 교실 수업을 통하여 교
육과정을 인지하게 되는데, 현재 교사의 수업이 기초적인 의사소통
능력 배양이라는 교육목표와 부합하지 않는 방식인 것도 또 다른 이
유라고 생각된다.

AC의 장점에 대해서는 실용성과 간단한 의사소통이 가능하다는
점을 가장 많이 들었다. 또 읽기와 쓰기를 잘 못해도 말을 할 수 있다
는 점과 흥미 유발이 잘되는 점을 장점으로 들었다. 소수 의견으로

는 MAO나 MAV의 전통이 남아 있는 것도 또 다른 원인으로 보인다. 전통적 교수법이 여전히 남아
있는 것과 같이 시청각 자료를 이용하여 대화를 위한 문형을 반복하는 MAO나 MAV의 방법론도
완전히 사라진 것은 아니다. MAO와 MAV의 도입은 외국어 교육이 구어를 중시하기 시작했다는
사실을 의미한다.

문화 내용을 잘 알게 된다거나 발음 공부가 잘된다고 응답한 학습자도 있었다.

AC의 장점에 대해서는 비교적 일관성 있는 응답이 나왔지만, 단점에 대해서는 다양한 의견들이 나왔는데 문법이나 쓰기, 읽기가 잘 안된다고 한 응답이 가장 많았다. 문법을 모르기 때문에 학습 내용이 체계적으로 정리되지 않으며 금방 잊어버리게 되고 깊이 있는 학습이 불가능하다는 것이다. 또 말하기 능력이 향상되는 것 같지만 실제로는 말할 수 없을 것 같다고 응답한 경우도 있었다. 교과서의 대화 내용은 부자연스럽게 느껴지는 경우가 많으며, 말할 수 있더라도 교과서에 제시된 문장 이외의 것은 말할 수가 없을 것이라는 응답도 있었다. 또 기본적인 인사말 이외에는 말할 수 없을 것 같다고 응답한 학습자도 많았으며, 말할 기회가 없고 '특별히 말할 이유'를 찾지 못하겠다고 응답한 학습자도 있었다. 수업의 진행과 평가가 의사소통 중심으로 이루어지지 않는 점도 단점으로 들었다. 교사들이 문법 중심이나 수능 중심의 수업을 하는 경우가 많으며, 의사소통 중심으로 수업을 진행하는 경우에도 학습자들이 중요하게 생각하는 시험에서는 이에 대한 평가가 이루어지지 않는다는 점을 지적하였다. 그리고 회화 중심 수업을 하기에는 학급당 인원수가 너무 많고, '말하기' 위주의 수업이 원활하게 진행되지 않으며, 학습자들의 참여도가 높지 않다는 점도 단점으로 들었다. '말할 수 있는' 사람만 참여하게 된다는 것이다. 학습자 의견 가운데는 수업이 교사에 따라 너무 많이 좌우된다[35]는 응답도 소수 있었다.

---

35) 일반적으로 프랑스어 교사 수는 학교당 1명으로 학습자들이 교사의 수업 진행 방식을 비교하기는 어려우나 이러한 응답을 한 학습자는 몇 차례 학교에 초청된 원어민 교사와의 수업을 경험한 경우이다. 또 프랑스어 수업을 영어 등 다른 외국어 과목 수업과 비교한 것으로 생각된다.

4) 언어 네 기능에 대한 요구

언어의 네 기능 중 현재 수업에서 더 강화해야 할 부분에 대한 학습자의 응답 결과는 다음과 같았다.

<표 12> 더 강화해야 할 언어 기능

듣기	23(24.2%)
말하기	44(46.3%)
읽기	11(11.6%)
쓰기	17(17.9%)
전체	95(100%)

* 중복응답: 9, 무응답: 1

학습자는 언어의 네 기능 중에서 말하기와 듣기를 더 강화해야 한다고 대답함으로써 구어 의사소통 능력을 높이고 싶다는 요구를 나타내었다. 이는 제7차 교육과정의 '기초적인 의사소통 능력 배양이라는 이상에 동의한다는 내용과 일관성을 보이는 응답이었다.

5) 언어 재료에 대한 요구

학습 내용을 구성하는 요소, 즉 언어 재료 중 더 강화해야 할 부분에 대한 학습자 응답 결과는 다음과 같았다.

<표 13> 더 강화해야 할 언어 재료

발음	39(39.0%)
어휘	26(26.0%)
문자	6(6.0%)
문장구조(문법)	13(13.0%)
의사소통 기능	14(14.0%)
문화	6(2.0%)
전체	100(100%)

* 중복응답: 16, 무응답: 6

조사 결과에 따르면 학습자는 발음을 가장 강화해야 할 요소로 생각하고, 다음으로 어휘와 의사소통 기능을 들고 있다. 이 결과는 의사소통 능력의 향상이라는 교육목표에 찬성하고 언어의 네 기능 중 듣기와 말하기를 더 강화해야 한다는 응답과는 배치되는 것으로 보인다. 앞선 응답 결과와 일관성을 갖는다면 의사소통 기능을 가장 강화해야 할 요소로 꼽아야 할 것이기 때문이다. 그런데 이는 학습자들이 의사소통을 원활하게 하고 싶지만 실제 학습 과정에서는 발음이나 어휘와 같은 언어적 요소의 학습에 어려움을 느껴 당장은 이를 강화해야 할 필요가 있다고 생각하기 때문으로 보인다.

6) 어휘에 대한 요구

어휘 수 제한에 대한 학습자 응답 결과는 다음과 같았다.

<표 14> 어휘 수 제한에 대한 찬성 여부

예	아니오	전체
21(24.4%)	65(75.6%)	86(100%)

어휘 수 제한에 관한 질문에 대해서 어휘 수 제한은 바람직하지 않다는 응답 비율이 약 76%로 매우 높게 나타났다. 실제 의사소통 능력의 향상을 위해서는 현재보다 더 많은 어휘가 필요하다고 생각하고 있는 것으로 보인다. 학습자 행동에 대한 만족도에서 나타났듯이 조사 대상이 된 프랑스어 학습자 집단이 외국어 학습에 대한 요구가 매우 높은 집단인 것에 기인하는 결과로 보인다.

또 교과서에 제시되는 어휘 수는 어느 정도가 적당한지에 대한 응답 결과는 다음과 같았다.

<표 15> 어휘 수에 대한 요구

500개 이하	500~1,000개	1,000~1,500개	1,500개 이상	전체
16(18.6%)	27(31.4%)	28(32.6%)	15(17.4%)	86(100%)

어휘 수의 제한에 대해서 반대하지만 500~1,000개와 1,000~1,500개가 실제 학습에 적당하다고 생각하는 학습자가 많았다. 학습량이 많다는 평소의 주장과는 달리 학습자들이 학습하기를 희망하는 어휘 수가 큰 수치로 나온 것은 의외의 결과라고 할 수 있다. 학습 어휘 수는 전체 학습량과 직결되는데 학습자들이 이를 잘 인식하지 못한 결과로 보인다. 학습자들은 '많은 어휘를 학습하는 것은 부담스럽다. 그러나 많은 어휘를 학습하는 것이 이상적이다'는 생각을 하고 있는데, 이상적일 것으로 생각하는 측면에서 응답하여 실제 학습할 수 있는 어휘보다 많은 어휘를 학습하기를 원하고 있다는 결과가 나온 것으로 생각된다.

7) 문화 내용에 대한 요구

목표어를 구사하는 국가의 문화 가운데 학습자가 관심 있는 분야에 대한 질문의 응답 결과는 다음과 같았다.

<표 16> 문화 관심 분야[36]

사회문화	54(21.8%)
환경문화	3(1.2%)
언어행동문화	28(11.3%)
생활문화	30(12.1%)
개인생활	42(16.9%)
일상생활	48(19.4%)
가족생활	3(1.2%)
사회생활	33(13.3%)
통신문화	7(2.8%)
전체	248(100%)

* 중복응답: 162, 무응답: 2

문화 내용에 관해서는 사회 문화, 일상생활 문화, 개인생활 문화 순으로 요구를 나타내고 있다. 프랑스 사회 문화 자체에 대한 지식이 부족하므로 사회 문화를 가장 우선순위로 생각하며, 다음으로 일상생활 및 개인생활에 관심을 보여 프랑스인들의 생활에 대해서도 알고 싶어 한다는 것을 알 수 있다. 언어 사용 기회가 거의 없어서 언어행동문화에 대한 관심은 떨어지는 것으로 보인다.

---

36) 문화의 분류는 학자마다 다르나 여기에서는 주로 Galisson(1988:84)의 분류를 따랐다. 설문분석 과정에서 생활문화, 일상생활 문화, 사회생활 문화의 경계가 분명하게 해석되지 않은 점이 발견되었다. 생활문화는 그 사회 전체를 지배하는 행위의 규칙 및 가치를 의미하며 사회생활 문화는 개인이 연관된 개별적 사회집단(학습자의 경우 학교)의 문화를 의미한다.

8) 수업방식에 대한 요구

수업방식에 대한 학습자 응답 결과는 다음과 같았다.

<표 17> 선호하는 수업방식

교사의 설명 중심	26(29.9%)
개인 발표 중심	8(9.2%)
짝 활동 중심	11(12.6%)
소그룹 중심	42(48.3%)
기타	0(0.0%)
전체	87(100%)

* 중복응답: 1

수업방식에서는 소그룹 중심 수업을 가장 선호하고 있으며, 다음
으로는 교사의 설명 중심 수업을 선호하는 것으로 나타났다. 학습자
개인의 발표나 짝 활동에 대한 선호도는 낮게 나타났는데, 그 원인은
이러한 활동에서는 학습자들의 적극적인 참여가 절대적으로 요구되
고 학습자 자신의 책임이 커지므로 부담감을 느끼기 때문으로 판단
된다. 따라서 학습자들의 자발적 참여도가 낮고 책임도 적은 교사 중
심 수업에 대한 선호도가 높게 나타난 것으로 보인다. 이러한 결과는
학습자는 외국어 학습의 궁극적 목표가 의사소통 능력의 함양이라고
생각하지만 당장 적극적으로 이를 위한 수업에 참여할 준비는 되어
있지 않다는 것을 의미한다.

9) 수업도구에 대한 요구

수업에 이용되는 도구 중 선호하는 것에 대한 학습자 응답 결과는
다음과 같다.

교과서	13(14.1%)
교과용 CD나 테이프	7(7.6%)
다양한 멀티미디어 자료(동영상 등)	50(54.4%)
실재자료(그림, 도표, 신문, 잡지 등)	22(23.9%)
기타	0(0.0%)
전체	92(100%)

* 중복응답: 6

수업도구에 관한 요구에서는 다양한 멀티미디어 자료를 이용하는 수업에 대한 요구가 가장 크며, 그다음으로는 실재자료와 교과서가 중요한 수업도구라고 생각하고 있다. 멀티미디어 자료나 실재자료가 도입된 수업은 상대적으로 덜 지루하고 흥미롭기 때문이다. 프랑스어의 경우 일상생활에서 실재자료를 접할 기회가 거의 없으므로 이에 대한 요구가 높은 것으로 보인다. 교과서 중심의 수업을 선호한다는 응답도 많은데, 이를 통하여 여전히 교사가 주도하는 교과서 위주 수업에 대한 요구가 강함을 알 수 있다. 이는 수업방식에서 소그룹 중심이나 교사의 설명 중심 수업을 선호하는 것과 같은 맥락으로 학습자들이 수업참여에서 소극적인 태도를 가지고 있음을 나타내주는 것이다. 또 수업방식과 수업도구에 관한 기타 의견으로는 원어민 강사에 대한 요구가 포함되어 있었다. 의사소통 능력의 향상이라는 목표를 달성하기 위해서는 좋은 발음의 모델이 되며 훌륭한 목표어 대화 상대자가 되어줄 수 있는 원어민이 필요하다는 것이다.

10) 오류 수정에 대한 요구

학습상 실수의 교정 시기에 대한 학습자 응답 결과는 다음과 같았다.

<표 19> 실수의 교정 시기

즉시 모든 사람이 있을 때	55(64.0%)
나중에 수업이 끝난 다음에 모든 사람이 있을 때	7(8.1%)
나중에 개인적으로	24(27.9%)
기타	0(0.0%)
전체	86(100%)

오류 수정에 대해서 '즉시 모든 사람이 있을 때'라고 가장 많이 응답하여 그 비율이 64% 정도에 이르고 있다. 학습자의 오류는 즉시 수정하지 않는다는 AC의 일반적인 생각과는 상반된 결과이다. 학습자들이 틀린 것을 수정하는 것에 대해 부끄러워하거나 좌절감을 느끼는 대신 학습 발전을 위해서 당연한 것으로 받아들이고 있다는 것을 의미한다. 그러나 나중에 개인적으로 수정해 주기를 바라는 학습자도 28% 정도 있어서 오류 수정에 대해서는 개인의 성격에 따라 요구가 다름을 알 수 있다. 따라서 교사는 오류에 대해서 즉시 모든 사람 앞에서 수정하여야 하는 학습자들의 일반적인 오류인지, 매우 개인적인 오류인지를 판단하는 한편, 상황과 학습자에 따라 오류 수정 방식을 선택해야 한다.

이상의 조사 결과 우리나라 고등학교 교사와 학습자들은 의사소통 능력을 향상시키려는 열망과 현실적인 수업 조건 및 상황 그리고 실제 도달할 수 있는 수준 사이에서 커다란 간극을 느끼는 것으로 나타났다. 내용을 정리하면 다음과 같다.

첫째, 학습자는 학습 초기 모두 해당 언어에 강한 학습 동기를 가지고 있어서 외국어 학습을 시작하는 데는 문제가 없다. 다만 교수·

학습 활동이 진전될수록 이러한 동기가 약화된다. 앞서 언급한 대로 우리나라 학습자들에게는 시험이 강한 수단적 동기로 작용하여 성취에 큰 영향을 미치는데, 제2외국어의 경우 대학 입시의 반영 정도가 미미하기 때문이다. 약화된 학습자들의 학습 동기와 학습 의욕은 자신들의 성취뿐만 아니라 교사들의 교수활동에도 심각한 영향을 주며 적극적인 학습자들의 참여가 필요한 의사소통 수업을 어렵게 만든다.

둘째, 제2외국어의 도입 시기에 대한 불만족도가 높은데 이것은 학습 시작 시기가 매우 늦어 충분한 학습시간이 보장되지 못하는 것이 그 원인으로 보인다. 프랑스 교육부가 제시하는 기초 프랑스어(Le français fondamental, Niveau 1)[37]는 초급에 약 300~400시간을 할애하고 있는데, 우리나라 고등학교에서 보장되는 수업시간은 고등학교 3학년에서 수업이 충실히 진행된다고 해도 약 180시간에 불과하다. 따라서 이 시간 내에 현행 교육과정의 '의사소통 능력의 향상과 문화이해'라는 목표를 달성하는 것은 거의 불가능하다고 할 수 있다.

셋째, 교실 내 멀티미디어 기기 설비가 미비한 점 그리고 교과서의 내용 및 구성 방식 역시 AC의 이념을 실현하는 데 걸림돌이 되고 있다. 멀티미디어 기기는 학습자들의 흥미를 불러일으킬 뿐만 아니라 원어민과 같은 수준의 언어능력을 갖추지 못한 교사의 언어능력을 보완하거나 대치해 줄 수 있는 도구이다. 또 교과서는 학습자들이 목표어에 대한 정보를 얻을 수 있는 거의 유일한 통로로서 실제 원어민이 사용하는 언어를 흥미로운 방식으로 제시해야 한다. 이에 대한 학습자들의 불만이 높다는 것 역시 현재 상황에서 AC의 이념을 실현할 수업을 구현하기가 힘들다는 사실을 말해준다.

---

37) *Dictionnaire de didactique des langues*(Galisson et Coste, 1976:370).

넷째, 흥미로운 수업 구성, 페어 활동, 팀 활동, 역할극의 도입, 실재자료의 도입에 대한 학습자들의 만족도가 낮고 교사들 자신도 AC의 이념을 구현하는 수업에 대해 자신감이 떨어지는 것으로 나타났다. 이것은 현재의 교실 환경과 학생 수로는 AC 방식의 수업을 진행하기 힘들고 교사의 언어 능력 및 수업 진행 방식 또한 AC 이념을 실현할 수 있는 조건을 갖추고 있지 못하기 때문이다.

다섯째, 학습자들은 수업방식과 수업도구, 실수의 교정 시기와 관련하여 AC의 이념 및 교육과정이 제안하는 바와 다른 요구를 가지고 있다. 학습자들은 소그룹 중심 및 멀티미디어 기기와 실재자료를 이용한 수업을 선호하지만, 그에 못지않게 교사의 설명 중심과 교과서 중심의 수업도 중요하게 생각하고 있다. 과거의 전통적 교수법도 여전히 학습자들에게 유효하다는 것을 알 수 있는 부분이다. 또 실수의 교정 시기와 관련하여 학습자들은 그 즉시 수정해주기를 바라고 있어서 교육과정의 해당 내용은 재고되어야 할 것으로 보인다.

특히 학습자는 학습에 필요한 정보 수입과 해당 외국어 사용 기회, 수업에 다양한 활동 도입 및 수업에 도움이 되는 수업자료 사용과 관련된 항목에서 낮은 만족도를 나타내 프랑스어 수업에서 의사소통 중심 수업의 실현이 더 어려움을 알 수 있다. 또 학습자 표상은 추상적이고 학습 동기 역시 해당 언어와 문화에 대한 막연한 호기심이나 관심과 같이 추상적인 내적 동기가 강한 데다가 선행학습이 거의 없어 이들의 언어 학습이 실제 언어 사용에 이르게 되기까지는 많은 시간이 걸릴 것이라고 예상할 수 있다. 학습에서 기본적인 언어 재료의 습득이 선행될 필요가 있다고 생각하고 있는데 당장 필요한 언어 재료에 대해서는 교사와 다른 인식을 가지고 있다.

집단별로 더 강화해야 한다고 생각하고 있는 항목에 대해 정리하면 다음과 같다.

<표 20> 언어 재료에 대한 학습자와 교사의 요구 비교

구분	프랑스어 학습자	프랑스어 교사
발음(읽기)	O	
어휘	O	O
문자		
문장구조		O
의사소통 기능		
문화		

학습자는 발음과 어휘 학습이 강화되어야 한다고 생각하는 반면, 교사는 어휘와 문법이 강화되어야 한다고 생각하고 있었다. 이와 같은 사항으로 미루어 보아 학습자가 교사보다 언어의 기초적인 요소 가운데 발음을 더 중요하다고 생각하고 있음을 알 수 있다.38) 어휘는 두 집단이 공통으로 강화해야 할 필요가 있다고 생각하는 요소였다. 문화는 두 집단 모두 가장 시급한 학습 요소로는 인식하고 있지 않아 언어적 요소보다는 부차적인 내용으로 인식되고 있는 것으로 보인다.

학습자들은 궁극적으로 의사소통이란 목표를 달성하기를 원하지만, 고등학교 수업만으로 이 목표에 이르기란 불가능하다는 사실과 의사소통 중심 수업에서 발생하는 문제점을 잘 인식하고 있다. 따라서 학교 언어 학습의 목표는 너무 모호하고 의욕에 차 있는 듯이 보인다. 동시에 너무 많은 목표를 추구하는 것이 아니냐는 의문이 제기

---

38) 학습자들의 요구를 보았을 때, 교사들은 의사소통 기능이 중심이 됨에 따라 문법이 경시되는 점만 비판하고 정작 스스로는 정확한 발음이나 어휘에 대한 지도는 소홀히 한 측면이 있다.

된다. 자유로운 의사소통과 점진적인 언어 습득 사이에서 균형을 찾기란 매우 어렵다(Bucher-Poteaux, 1998:315, 321).

결국, 현재 외국어 수업에 대한 학습자의 우선적인 요구는 '의사소통' 자체에 있다기보다는 의사소통 능력을 키우기 위한 '기초적인 언어능력의 배양'에 있다고 판단되며 교사 역시 이러한 점에 공감하고 있다고 생각된다. 따라서 각 집단의 구체적인 요구를 반영하여 교육과정은 언어 재료 중 의사소통 기능이 차지하는 비중을 줄이고 발음과 어휘, 문법이 차지하는 비율을 늘려야 할 것으로 보인다.

제4부

프랑스어 학습자 오류

일반적으로 오류를 연구하는 목적은 학습자의 오류 연구를 통해 자신의 모국어, 즉 일상생활에서 주로 사용하는 제1언어가 아닌 제2언어 습득과정을 이해하고 이론적인 판단을 내리려는 학문적 목적과 오류의 성격을 이해하여 오류를 근절하고, 언어학습을 더 쉽게 하며, 학습을 향상시키려는 교육적 목적으로 나누어 볼 수 있다(Corder, 1981:1, 45, Py, 2000:395).

언어 습득 연구자들의 학문적 목적의 오류 연구(Recherche sur l'Apprentissage des Langues étrangères, RAL)에서는 학습자의 언어를 가능한 한 많이 수집하여 학습자 언어의 전반적인 양상과 특징을 기술하며 오류가 포함된 불완전한 중간언어(interlangue)가 목표어에 이르기까지의 과정을 밝히는 것이다. 이때 학습자 언어자료 수집은 주로 제도권 밖, 즉 교실 밖의 자연스러운 환경에서 이루어진다. 그러나 교수법 연구자들의 교육적 목적의 오류 연구(Didactique des Langues Étrangères, DLE)는 학습자 오류를 찾아내고 그 성격과 유형, 원인을 밝히는 한편, 오류를 현재 교수기법이 불완전한 것임에 기인한다고 보고 교수·학습의 내용이나 기법에 관해 반성하고 새로운 방법을 모색하며 그 결과를 새로운 교수·학습 과정 설계에 반영하고자 한다.[39] 따라서 언어자료는 주로 교실 내에서 일정 학습자 그룹의 학습 기간 내에 수집된다.

본 논의의 학습자 오류 연구의 목적은 교육적인 것으로 고등학교 프랑스어 학습자 오류를 판단하고 그 양상과 원인을 설명하는 작업을 통하여 현재의 교수·학습 상황에서 학습자들에게 더 강화해야 할 학습 요소를 규명하고 이를 교수·학습 내용 구성에 반영하는 데 있다. 오류는 단순화되거나 잘못 사용된 학습자 언어이므로 목표어 규범에서 벗어나 있는 학습자의 현재 언어능력을 판단하여 교수·학습 과정에서 더 강화해야 할 내용을 결정하는 데 필요한 지표로 삼을 수 있기 때문이다.

현재 학교에서 자주 이루어지고 있는 교수·학습 상황에 대한 학습자 만족도나 새로운 요구에 관한 조사는 교육의 주체들이 직접 표출하는 주관적 요구에 관한 조사지만 오류 연구는 학습자 개인의 언어사용 데이터를 기초로 하여 진단할 수 있는 언어사용 유형 및 이에 관한 자료에 기초하여 개선해야 할 사항을 판단할 수 있는 객관적 요구에 관한 조사이다.

---

39) 전자는 주로 언어습득 연구자들의 연구목적이며 후자는 교수법 연구자들의 연구목적이다. 예를 들어, 'Il faut que tu viendras'와 같은 문장을 발견하였을 때 언어습득 연구자들은 학습자의 현재 언어사용에만 주목하지만, 교수법 연구자들은 이를 통해 학습자가 습득하지 못한 것과 자신의 교수법 및 교수 내용에 대해 재고하게 된다(De Salins, 2000:427, Véronique, 2009:323에서 재인용). 그러나 이 두 연구의 흐름을 통해 우리는 공통적으로 교재나 프로그램을 통해서가 아니라 학습자의 시각에서 학습이 전개되는 방식을 알 수 있다. 학습자의 시각에서 학습이 전개되는 방식을 안다면 교수 상황이 직면하고 있는 대중에 맞는 수업을 자유롭고 창조적으로 전개할 수 있을 것이다(Hyltenstam, 1985, Ibid, 재인용). 따라서 언어습득에 관한 연구와 교수법에 관한 연구는 상보적인 관계에 있다고 할 수 있다. 그러나 언어 습득에 관한 연구가 교수법에 매우 긍정적인 정보를 제공할 수 있다는 믿음에도 불구하고 각 영역 연구자들 사이의 교류가 원활히 이루어지지 못하여 그 영향은 표면적이거나 기술적인 변화 수준에 그치고 있다. 따라서 언어습득 연구의 교육적 참여는 중장기적으로 이루어져서 언어교수에서 보다 근본적인 변화를 이끌어 내야 할 것이다(Ibid, pp.322-324).

학습자의 오류는 학습 과정에서 나타난 학습자 개인들의 언어 데
이터를 통해 교육과정 연구자나 교사들이 진단할 수 있는 언어숙달
도나 언어사용 유형에 관한 정보를 제공해 준다. 따라서 교육과정이
제시하는 목표와 학습자들이 도달하는 수준 사이에 '차이'가 있다면
이를 요구로 판단하여 개선방안을 모색할 수 있다.[40] 또한, 학습자 자
신도 자신의 언어사용 방식을 이해하여 학습을 향상해 갈 수 있다.
오류에 대한 연구는 학습자에게는 언어능력 향상을 위한 피드백 기
능을 한다. 그리고 교수자나 교육 과정 설계자들에게는 학습자의 학
습 방법과 절차, 전략, 현재 수준에 관한 정보를 제공하여 개별 과목
의 학습자에게 효과적인 수업 방안을 모색하고 효율적인 교수·학습
내용을 구성하도록 해준다.

---

40) 언어습득 연구자들의 입장에서 교수는 먼저 그 대상(objet)을 정하고 행해지는 것이 아니라 상호작
   용을 통해 다소 명확하고 명시적인 방식으로 함께 만들어가는 것이며 항상 존재하기 마련인 특별
   한 상황에서의 돌발변수를 개략적으로 그리는 것이다. 그러나 교수법의 입장에서 대상은 교수법을
   기획하는 단계에서 가능한 연결성을 가지는 방식으로 미리 정해지게 된다(De Pietro et al, 2000:463).

1. 오류연구 이론

학문적 목적의 오류 연구와 교육적 목적의 오류 연구는 모두 Skinner(1953)의 행동주의 이론이나 Chomsky(1965)의 동일성 가설과 같은 언어습득 이론에 근거하고 있다. 특히 이들 이론을 바탕으로 대조분석 이론이나 오류분석 이론, 중간언어 이론과 같은 교육적 상황에 적용할 수 있는 오류 연구 이론들이 나오게 되었다.

대조분석 이론

Skinner의 행동주의에 바탕을 둔 대조분석 이론(Fries, 1945, Lado, 1961)에 의하면 제2언어의 습득은 모국어의 영향을 많이 받는다. 그러므로 모국어와 제2언어 구조를 비교 분석하는 것은 학습자들이 범할 수 있는 오류를 예측하게 해주고 이러한 예측은 제2언어의 학습 과정을 더 쉽게 해준다고 주장한다.[41] 오류는 모국어 사용 습관이 제2언어 사용에 개입한 결과로서 모국어와 목표어 사이의 음운과 어휘, 형태·통사적 갈등으로 인해 유발되며 잘못된 습관의 시작이므로 발견 즉시 교정되어야만 하는 것이고, 가장 바람직한 것은 오류를 예측함으로써 예방하는 것이다. 대조분석 이론에 근거한 외국어 학습 순서는 학습자의 모국어와 목표어인 외국어 사이의 유사점과 차이점을 밝히고, 이에 따른 학습의 어려움을 고려하여 결정하게 된다. 따라서 목표어의 어떤 점이 학습을 어렵게 하는지 알기 위하여 어학 교사는 제2언어의

---

41) 가장 효율적인 교육재료는 학습할 언어를 학습자의 모국어와 수평적으로 비교, 서술한 과학적 기술에 바탕을 둔 것이다(Fries, 1945:9).

체계 및 기능, 그리고 학습자가 사용하는 제1언어와 제2언어의 차이점을 이해해야 한다(Brown, 2007:2)[42]는 주장도 제기되었다.

그러나 모국어의 간섭과 전이(transfért)를 오류의 원인이라고 보았던 대조분석 이론은 다음과 같은 한계가 있다.

첫째, 모국어와 목표어의 차이점이 모두 오류를 유발하는 것은 아니며 차이가 크다고 해서 더 많은 오류를 발생시키지도 않는다는 것이다. Oller & Ziahosseiny(1970:187)는 철자오류 연구에서 영어를 제2언어로 학습하는 경우, 중국인이나 일본인 등과 같이 전혀 다른 글자를 쓰는 학습자보다 오히려 로마자를 쓰는 스페인이나 독일인 학습자들의 오류가 많다는 것을 보여주었다. 학습자들은 철자 사용에서 언어 내 혼동뿐만 아니라 근접성과 유사성으로 인해 언어 간 혼동을 일으키는 것으로 나타났다.[43]

둘째, 대조분석은 언어 차이에 의해 유발되는 학습자 오류는 잘 설명할 수 있으나 목표어 내적 원인에 인해 유발되는 다양한 형태의 오류는 예측하거나 설명해 주지 못하여[44] 실제 교육적 적용이 어렵다는 점이다. 그러므로 간섭 현상을 예측하는 것보다는 실제 학습에서 관찰된 자료를 대조분석 하는 것이 낫다는 주장이 제기되었다(Wardhaugh, 1970:129).[45]

---

42) 대조분석 이론은 후에 등장한 오류분석 이론에 의해 부정되었지만 이러한 입장은 오늘날에도 일반적으로 받아들여지는 견해이다.

43) 하나 혹은 그 이상의 언어 체계에서 형태나 의미의 차이가 아주 근소하거나 거의 구별되지 않는 경우에도 학습의 어려움이 야기될 수 있다(Oller & Ziahosseiny, 1970:186). 대조분석 이론은 언어가 유사한 경우보다 전혀 다른 경우가 학습이 훨씬 어려울 것이라고 예상하였지만 이러한 연구 결과는 그 반대의 경우도 있다는 것을 보여준다. 이는 미세한 차이설(subtle differences version)이라고 한다.

44) 오류가 모국어와 목표어의 차이에 의해서만 유발된다면 같은 발화상황에서 제2언어 사용자의 언어사용은 동일한 방식으로 나타나야 하지만 실제 발화는 매우 다양하다(Selinker, 1974:34-35).

45) 오늘날 대조분석에서는 주로 이러한 입장이 수용되고 있어서 모국어와 목표어를 미리 비교 분석하여 학습의 어려움을 예상하기보다는 관찰된 학습자의 언어자료를 바탕으로 학습의 어려움을 판단하고자 하는데 전자는 대조분석 강설, 후자는 대조분석 약설이라고 한다. 대조분석 약설은 오늘

셋째, 오류를 모국어와 목표어 체계 사이의 갈등에 의해 유발된다는 한 가지 원인으로만 생각하고 학습자의 서로 다른 모국어 능력과 이미 도달한 목표어 수준을 전혀 고려하지 않는다는 것이다. 학습자 개인의 모국어 능력은 목표어 학습에도 영향을 미치게 되며, 또 학습이 진전된 이후에는 모국어 영향의 정도가 학습 초기와 다르다.

결국, 대조분석 이론은 인간의 언어사용이 목표어 자체의 성격이나 심리적 요소, 사회·문화적 배경, 수업 방법, 학습 정도 등 다양한 요소의 영향을 받는다는 점을 고려하지 않고 학습을 방해하는 요인을 매우 좁은 시각으로 조망했다는 점에서 한계를 가지고 있다.

오류분석 이론

오류분석 이론은 모든 인간은 태어날 때부터 보편문법(grammaire universelle)을 가지고 있으며 언어습득은 이 문법을 표면화하는 과정을 통해 이루어지므로 근본적으로 모국어와 제2언어의 습득과정은 동일하다는 Chomsky(1965)의 주장에 영향을 받은 것이다. 이 이론에 의하면, 학습자들은 외국어 습득 과정에서도 이미 내재하고 있는 언어 습득을 위한 장치를 사용하며 스스로 알고 있는 모든 언어적 지식 및 세계에 대한 지식을 동원하여 자신이 세웠던 가설을 검증하고 수정해 가며 목표어에 접근해 간다고 한다. 그러므로 학습자의 오류란 학습자가 세운 가설에서 비롯된 필연적인 것이고 학습의 증거가 되며 학습 과정에 대한 이해를 제공한다(Corder, 1981:7-8). 이때 오류는 어린아이가 언어체계를 완성해가는 과정에서 발생하는 오류와 같은

날 언어 간 영향론(cross-linguistic influence)으로 명명된다.

양상으로 나타나므로 어떻게 해서든지 방지해야 하는 잘못이 아니라 정상적인 학습의 한 과정으로 간주한다(Galisson, 1980:57).

대조분석의 한계를 보완하기 위한 오류 분석 이론은 학습자 언어, 즉 학습자의 말하기, 작문, 받아쓰기 등에서 범하는 오류들을 수집하여 범주에 따라 오류를 분류하고 오류 빈도에 따른 난이도를 추정하여 문제점을 알아보는 것이다. 오류 분석의 이러한 태도는 교육적 기술, 교수·학습 태도와 실천의 변화, 교사 양성의 개념과 교육 내용의 변화를 가져왔다(Porquier, 1991:211). 대조분석 이론이 오류를 모국어의 영향에 기인한다는 한 가지 원인으로만 생각했던 것에 비해 동일성 가설에 기초한 오류 분석은 오류의 원인이 매우 다양한 것으로 보고 가능한 모든 원인을 찾아내고자 하였다. 연구자에 따라 분류가 다르나 Galisson(1980:61-62)은 모국어의 영향 이외에 학습 전략이나 교수방법이 오류의 원인이 되는 것으로 보았으며 목표어 자체와 관련하여 크게 세 가지로 오류 유형을 나누었다.

Galisson의 오류 유형 분류

① 언어규칙을 잘 모르는 데서 기인하는 언어능력 오류(erreur de compétence)로 이러한 오류들은 교사, 학습 그룹, 사전, 교재 등의 도움을 받아 교정될 수 있다.

② 알고 있는 언어규칙을 잘못 적용하여 발생하는 언어수행 오류(erreur de performance)이다. 이것은 학습자의 심리적 원인이나 기억의 불확실성으로 인한 것으로 이러한 오류 역시 학습자 자신의 관찰이나 학습 활동, 교재, 교사에 의해 교정될 수 있다(Hockette, 1948, Corder, 1981:25에서 재인용).

③ 사회 언어학적 규칙을 모르거나 알고 있더라도 이를 잘못 적용하여 생기는 오류로, 의사소통 전략 오류(erreur de stratégie de communication)이다. 이것은 즉각적인 교정이 어렵고 교정에 시간이 걸린다.

그러나 대조분석 이론의 한계를 극복하고자 했던 오류 분석 이론도 한계점을 드러내었는데 Schachter(1977:441-451)는 다음과 같은 사항을 지적하였다.

첫째, 학습자의 언어 데이터에서 오류에만 관심을 두고 학습자의 언어를 보다 객관적으로 보여주는 전체 언어자료는 고려하지 않는다는 것이다. 학습자의 언어습득 양상을 알기 위해서는 오류문장뿐만 아니라 비오류 문장까지 포함한 전체 언어자료를 고려하는 것이 더 합리적이다.

둘째, 오류의 판정 및 분류가 어렵다는 것이다. 오류는 대부분 복합적인 성격을 가지고 있으므로 분석자의 의견에 따라 다르게 분류되기 때문이다.

셋째, 오류의 빈도수에 따라 난이도를 측정하는데 이것이 불합리성을 내포한다는 것이다. 오류발생 빈도가 높다고 해서 반드시 더 어렵다고 단정할 수는 없다. 학습자가 어려운 문장 사용을 회피하여 특정 오류의 빈도가 낮아질 수도 있기 때문이다.[46] 또 분석에서 연구자가 많이 다룬 언어항목의 오류 빈도가 높게 나타날 수 있다. 따라서 오류에 대한 양적 조사가 중요하며 오류의 수와 함께 오류 발생률을 다루어야 할 필요가 생긴다.

그 밖의 오류 분석의 한계로는 모국어를 습득하는 어린아이와 제2언어 학습자는 학습환경, 학습을 시작하는 시기와 연령, 인지적·정의적 측면이 다르므로 언어습득 과정이 다를 수밖에 없다는 점이 지적되었다(Brown, 2007:54-57, 62).

---

46) 예를 들어, 한국인 프랑스어 학습자들의 경우는 관계대명사의 사용을 꺼리는 경향이 있다. 한국어에 없는 요소이므로 사용이 쉽지 않고 오류 가능성이 높기 때문이다. 따라서 한국인 학습자들에게서 관계대명사의 오류 빈도가 높게 나타나지 않을 가능성이 있는데, 그렇다고 하여 이들이 관계대명사를 완전하게 학습하고 있는 것은 아니다.

중간언어 이론

앞에 언급한 이론들이 학습자의 오류를 반드시 수정해야 할 잘못으로 보거나 학습의 한 과정으로 인정은 하되 여전히 잘못이라고 보는 입장인 반면, 중간언어 이론은 학습자의 오류를 인정하고 학습자의 과도기적 언어사용 형태를 자연어와 동등한 위치로 인정하려는 입장이라고 할 수 있다(Corder, 1981:56).

Selinker(1974)는 외국어 학습자의 언어를 중간언어(interlangue)로 지칭하고 모국어에서 목표어를 향해 발전해 가는, 나름의 규칙을 갖는 독립적인 언어체계로 인정하는 한편, 이에 대한 관찰을 통하여 언어습득 과정을 분석하고자 하였다.[47] 중간언어는 근접 시스템(système approximatif), 과도기 능력(compétence transitoire), 특이 방언(dialecte idiosyncrasique), 중간 체계(système intermédiaire) 등으로 지칭되기도 하며 목표어 규칙 일부와 모국어의 흔적 그리고 학습자 나름대로 체계화한 모국어와 목표어 어느 쪽에도 속하지 않는 규칙들을 포함한다(Porquier, 1991:216, 225). 모국어를 습득하는 유년기의 언어나 외국어를 습득하는 과정에 발생하는 중간언어는 불안전성(instabilité), 화석화(fossilisation), 침투(perméabilité), 후퇴(régression), 단순화(simplification), 발전(développement)의 특성들을 나타낸다(Ibid, 217). 불안정성은 중간언어의 가장 큰 특징으로 학습자의 언어가 하나의 형태로 고정된 것이 아니라 항상 변화함을 의미하며 화석화란 외국어 학습 과정에서 나타나는 하나의 현상으로, 비교

---

47) Porquier(1991:216)에 의하면 중간언어 이론은 완성되지 않은 학습자의 언어를, 이해보다는 생산에 주로 관심을 두는 오류분석 이론보다 더 풍부하고 복잡한 형식으로 조사하고 서술하며 수행뿐만 아니라 언어적 활동을 통하여 드러나는, 학습자가 내재화한 문법에까지 관심을 가지는 것이다. 따라서 오류분석 이론이 오류에만 주로 관심을 두는 것이라면 중간언어 이론은 학습자의 언어 양상 전체에 관심을 두는 것이라고 할 수 있다.

적 긴 기간 동안 부정확한 언어 형태가 내재화되어 지속해서 나타나는 것을 말한다. 학습자는 학습의 일정 시기에 자신이 세운 특정 가설을 고수하려는 경향을 보이게 되는데 이때 오류가 중간언어로 굳어지게 되는 것이다. 학습자가 의사전달을 위하여 중간언어를 사용할 때, 때로는 모국어의 규칙을 사용하기도 하고 반대로 모국어 사용에 외국어 규칙을 적용하기도 하는데 이것을 침투라고 한다. 또한, 목표어 규범을 향하여 학습이 진행되는 동안에 교정되었다고 생각했던 오류가 재발하는 후퇴가 일어나는데, 이것은 학습자가 현재 자신의 언어가 정확하지 않다고 생각한 결과 이전 단계의 중간언어로 되돌아가는 것을 의미한다. 또 중간언어는 목표어가 복잡하고 어려우므로 가능한 한 가장 단순한 형태의 문장과 제한된 어휘, 시제 등으로 구현되는 단순화의 특성을 지닌다.

한편, 중간언어를 구사하는 학습자는 의사소통에 있어서 목표어 규범과 자신의 중간언어 사이의 간극을 인식하고 이 결점을 보완하기 위해 다양한 전략을 시도하게 된다.

첫째는, 오류를 일으키기 쉬운 구조를 회피하여 오류의 비율을 낮추어 보려는 전략이다. 예를 들어, 한국인 프랑스어 학습자들의 경우는 관계대명사의 사용을 꺼리는 경향이 있다. 한국어에 없는 요소이므로 사용이 쉽지 않고 오류 가능성이 높기 때문이다. 따라서 한국인 학습자들에게서 관계대명사의 오류 빈도가 높게 나타나지 않을 가능성이 있는데, 그렇다고 하여 이들이 관계대명사를 완전하게 학습하고 있는 것은 아니다.

둘째는, 형식적인 오류를 감수하더라도 의사소통 목표를 달성하고자 하는 전략으로 발화의 단순화(simplification d'énoncés), 부연설명

(auto-paraphrase), 즉흥적인 어휘사용(improvisations lexicales), 주제화(thématisation), 과사용(redondance), 응답 유도(induction de réponses), 비언어적 요소 사용 (supports paralinguistique) 등이 이에 속한다(Ibid, 238-239).

이러한 중간언어의 특징 및 중간언어 사용자의 의사소통 전략은 오류의 원인이 된다.

고등학교의 프랑스어 학습 양상을 규명하고 이를 교육적으로 적용 하고자 하는 시도에서 대조분석 이론을 적용해보는 것은 매우 흥미 롭다. 제2외국어 가운데 학습자가 가장 많은 일본어와 모국어와의 유 사성이란 측면에서 매우 상반되기 때문이다. 대조분석 이론 및 이와 관 련된 논의에 따르면 학습자의 모국어와 비슷한 요소들은 학습자들에게 쉽고 모국어와 다른 요소들은 어렵다(Lado, 1957, Brown, 2007:249에서 재인용). 외국어 학습 초기에 학습자들은 목표어에 대한 지식이 거의 없거나 전혀 없는 상태이므로 필연적으로 내재화된 모국어의 규칙에 의존하고 이를 빌려올 수밖에 없으므로 언어의 유사성은 학습의 용 이성과 직결되기 때문이다.[48] 초기 외국어 학습은 모국어의 영향을 많이 받고, 또 모국어의 전이에서 비롯된 오류가 오류의 상당 부분을 차지하므로 대조분석 이론은 많은 오류를 설명할 수 있다.

한편 중간언어 이론은 외국어 습득 과정에서 학습자와 학습자의 오류를 대하는 교사의 태도와 관련하여 수용할만한 면이 있다고 생 각된다. 교사가 중간언어에 대해 인식하고 있을 때 오류가 많음에도 불구하고 학습자의 언어를 중간언어, 즉 과도기적 언어 형태로 이해

---

48) Corder(1981:37-38)는 학습자들이 목표어로 발화할 때 모국어의 규칙을 빌리며 모국어를 목표어로 번역하려는 경향이 있다는 사실을 언급하면서 프랑스어 학습자들이 다음과 같은 문장을 생성함을 그 예로 들고 있다. 예) I want to know the English. ← I want to know English.

하고 학습 과정을 보다 긍정적으로 이해하고 수용할 수 있기 때문이다. 또 오류에 대해 수용적인 태도를 보이게 되어 성급하게 초기 외국어 학습의 성패를 단정 짓지 않고 학습자와 협력하여 학습의 발전을 도모해 갈 수 있을 것이기 때문이다.

그러나 제2외국어 학습자의 오류를 연구하기 위해서는 무엇보다 오류 양상을 체계적으로 분류하고 설명하며 교육적 처방에 관심을 두는 오류분석 이론을 주로 도입해야 할 것으로 생각한다. 오류분석 이론을 통해 우리는 학습자가 도달한 지점과 앞으로 더 학습해야 할 것을 확인하고, 학습자가 어떻게 학습하며 어떤 전략을 사용하는지 확인할 수 있으며, 또 학습자가 목표어를 배우기 위해 사용하는 불가피한 장치로서 오류를 이해할 수 있게 된다(Corder, 1981:11 참조).[49]

2. 오류의 정의

현재 우리나라 제도교육의 교육과정[50]은 제7차 교육과정의 연장선에 있는 2009년 개정교육과정으로서 의사소통 중심 접근법(Approche communicative)을 기초이론으로 한다. 따라서 학교의 외국어 수업은 과거 문법 중심 교수요목을 채택하던 제5차 교육과정까지와는 달리 의미·기능적 교수요목[51]을 채택하기 때문에 학습자의 오류를 정의

---

49) 오류분석 이론과 중간언어 이론 사이에 방법론적인 차이는 크지 않다. 차이점은 오류분석 이론이 학습자 언어를 목표어 전체, 좀 더 정확하게 말해 교수요목이 결정한 내용과 비교하는 데 반해, 중간언어 이론은 지금까지 배운 것과 같은 시점에서의 학습자 언어를 비교하는 것이다. 결국, 오류분석 이론이 전향적이라면 중간언어 이론은 회고적이다(Corder, 1981:57). 따라서 오류분석 이론은 일정 기간 내에 정해진 언어 능력을 기르고자 하는 교육적 입장과 더 합치하는 것이다.
50) 중등학교에서 달성해야 할 교육목적과 교육목표를 국가적 수준에서 결정하고 교과의 편성과 운영에 관한 공통적이고 일반적인 기준들을 제시한 것(교육과정해설, 1997:iii).

하고 판단하는 일이 매우 어렵다. 의미·기능적 교수요목에 따른 수업에서는 문법보다는 의미와 기능을 중시하기 때문에 문법적 오류에 대해 관대한 태도를 보이게 되어 오류의 판단 역시 이러한 취지에 맞게 이루어져야 하기 때문이다.

전통적 교수법에서 오류는 반드시 근절해야 하는, 올바른 언어 사용(bon usage)의 훼손으로 생각되었고, MAO에서도 역시 오류는 언어체계에 대한 침해나 규칙 적용의 태만으로 규정되었다. 그러나 오늘날 AC의 입장에서 오류는 역동적인 외국어 학습 과정을 보여주는 징후로 받아들여져(Cuq, 2003:101) 많은 연구자와 교사들이 오류에 대해 관대한 태도를 보이게 되었다. 이런 상황에서는 단순히 오류인지 아닌지를 판단하는 것이 아니라 오류의 원인과 성격, 오류의 정도와 심각성, 그리고 오류를 통하여 학습자 수준을 판단하는 일이 중요하게 된다.

그러면 실제 학습자들이 생성하는 문장을 통하여 어떤 것을 오류라고 판단해야 하는지 오류에 대한 정의를 구체화해 보도록 하겠다. 예를 들어, 자기소개를 쓰는 프랑스어 문장에서는 다음과 같은 문장들이 발견된다.

(1) Je appele Choi Ji-hye.
(2) J'me appelles Kim Su-jin.
(3) Je me appeles Jo Hyun-ji.
(4) Je m'appelles Li Sun-hi.

---

51) 교수·학습 내용 제시순서를 결정함에 있어 문법적인 순서보다는 의미와 기능에 따른 제시순서를 채택하고 있는 교수요목을 말한다.

(1)~(4) 문장의 오류 여부를 판단하기 위해 가장 중요한 기준은 먼저, 문법적 정확성이다. Corder(1971:147)에 의하면 오류는 규칙을 잘 모르기 때문에 일어나는 언어적 일탈, 즉 문법적 잘못을 의미하는 것이다. 이러한 오류는 규칙을 알고는 있지만 발화 수행 과정에서 일시적으로 저지른 실수(faute)와는 달리 반복적으로 나타나며 학습자 자신이 무엇이 틀렸는지 모르고 수정할 수 없는 것이다. 이 기준에 의하면 이 문장들은 모두 오류로 판단된다. 모두 철자 및 문법적 오류를 포함하고 있기 때문이다. 특히 문법을 중시해온 그간의 우리 외국어 교육의 엄격한 기준으로 본다면 이 문장들을 맞는 문장으로 수용하기 어렵다. (1)은 직접목적보어 me가 누락되었고 동사 변화에 잘못이 있다. (2)는 축약과 동사 변화 두 곳에 잘못이 있다. 또 (3)은 축약과 동사 변화에 잘못이 있으나 (1)과 (2)보다는 잘된 문장으로 보인다. (4)는 동사의 어미변화만이 잘못되어 있어서 가장 완벽한 문장에 가깝다. 그러나 이 문장들은 의미의 전달을 중시하는 의미·기능적 측면에서 보았을 때는 모두 맞는 표현으로 처리될 수도 있다. 교사나 원어민이 보았을 때 의도를 이해할 수 있는 문장이기 때문이다.[52] 또 쓰기에서 이러한 문장을 생성하는 학습자는 쓰기가 아닌 말하기에서는 정확한 발화를 할 가능성이 있고 정확하지 않더라도 자기소개라는 의사소통 목표를 달성할 가능성이 높다. 특히 (2)~(4)의 문장은 쓰기가 아닌 말하기에서는 비오류 문장으로 인식될 가능성이 충분하다. 따라서 올바른 발화로 수용될 수도 있다.

이와 관련하여 Chomsky(1965:10-11)의 의견을 참고해 보도록 하겠다. Chomsky는 오류의 판단 기준을 언어능력을 나타내는 문법성(grammaticalité)

---

52) 의사소통적 방식들에서는 발화의 적합성 정도가 문법적 정확성의 우위에 있다(Cuq, 2003:26).

과 언어수행 능력, 즉 의미 전달이 가능한가와 관련된 용인성(acceptabilité) 두 가지로 제시한다. 이 의견에 따르면 앞에서 제시한 (1)~(4)의 문장은 모두 비문법적인 오류문장이나 (1)에서 (4)로 갈수록 용인성은 높아짐을 알 수 있다. 따라서 언어 수행과 관련된 용인성을 기준으로 했을 때 이 문장들은 비오류 문장으로 수용할 수 있다. 그러나 이러한 문장을 생성한 학습자들 간에 학습한 내용의 동화 정도에 차이가 있는 것은 분명하다. 따라서 학습이 더욱 발전할 수 있도록 오류를 통하여 학습자들의 현재 학습 상태를 판단하고 적절한 조처를 해야만 한다.

한편, Corder(1981:39-41)는 문법과 관련된 정형성(bien-formation)[53] 및 의미 전달과 관련된 용인성(acceptabilité) 그리고 언어 사용 맥락에서의 적절성(appropriété)을 기준으로 오류를 판단하였다.[54] 이에 따르면 문법에 맞지 않는 문장은 물론 상황에 적합하지 않은 문장도 모두 오류가 되는데 다음 문장이 바로 그 예이다.

(5) Comme dessert je voudrais··· comme plat principal je voudrais···
   ← Je voudrais le menu A.

(5)는 문법적으로 아무런 문제가 없어서 이 문장만을 놓고 볼 때는 오류가 아니다. 실제 원어민이 생성하는 문장이기도 하다. 그러나 만

---

53) Chomsky의 용어로는 문법성이다.

54) "어떤 문장은 표면적이고 형식적인 오류가 없더라도 여전히 잘못된 것일 수 있다. 이 문장은 완벽한 형식을 갖추었지만, 문맥상 잘못되었을 가능성이 있다. 표면적이고 형식적인 완벽함이 오류가 없다는 것을 절대적으로 보장해 주지는 못한다(···). 원어민 화자가 발화하는 문장이라도 문맥을 벗어나면 모호해진다(However, a sentence may still be erroneous and show no outward and formal signs of this. Il may be perfectly well-formed and yet be erroneous in the context. Purely superficial formal correctness is no guarantee of absence of error(···). Well-formed sentences produced by native speakers are mostly ambiguous out of context.)."

일 격식을 갖출 필요가 전혀 없고 정해진 메뉴 A, B, C 가운데 하나를 고르는 상황에서 생성한 문장이라면 사용맥락이 적절하지 않아 오류가 된다. 언어사용의 적절성과 관련된 오류라고 볼 수 있다. 그런데 Lennon(1991:182)에 의하면 오류는 '같은 맥락이나 유사한 생성 조건에서 원어민 화자가 만들어 낼 가능성이 거의 없는, 학습자가 만들어 낸 언어 형태나 조합'이다. 오류에 대해 매우 허용적인 입장임을 알 수 있는데 이에 따르면 (5)는 비오류 문장으로 판정된다.

이처럼 오류에 대한 정의는 연구자마다 다른데, 학교 교육에서는 적용되는 교수법의 흐름과 맥을 같이하여 오류에 대한 정의와 판단 및 오류를 대하는 태도가 점차 관대해졌다고 할 수 있다. 그러나 학교 외국어 교육은 초보 단계에 불과하므로 이 단계에서 오류의 허용 범위를 지나치게 넓게 설정하는 것은 바람직하지 않다. 규칙에 대한 정확한 인식이 정립되는 것이 어려워질 수 있기 때문이다. 오류와 비오류를 명확히 하되 오류의 발생에 대해서는 관대한 태도를 보임으로써 학습 동기나 의욕이 저하되는 것을 막고 학습이 지속해서 이루어지도록 하는 것이 중요하다.

3. 오류의 유형

앞선 논의에서 오류를 정의하고 판단하는 기준을 제시하였다. 그러나 이것만으로 학습자의 오류를 모두 설명하기 어려우므로 오류의 유형을 살펴보면서 실제로 적용할 수 있는 판단 기준을 결정해 보도록 하겠다.

오류에 대한 이론적인 논의에 따르면 오류의 유형은 크게 두 가지로 나누어 살펴볼 수 있다.

첫째, 오류는 원인에 따라 분류할 수 있다(Selinker, 1974:35). 원인에 따라 구분했을 때 오류는 크게 간섭 오류, 언어 내적 오류, 발달 오류로 나뉜다.

간섭 오류는 학습자들의 언어 사용에서 발견되는 제1언어나 제3언어의 규칙이 유발하는 오류이다. 목표어가 먼저 학습한 언어들과 규칙이 다를 경우 흔히 잘못된 문장을 생성하게 되기 때문이다. 언어 내적 오류는 언어의 규칙을 잘 모르는 데서 오는 언어능력 오류(erreur de compétence)로 학습 과정에서 목표어 규칙을 과적용하거나 잘못 적용함으로써 발생하는 오류이다. 또 발달 오류는 학습자의 제한된 학습경험과 교과서, 교실 수업의 영향으로 학습자 나름대로 세운 가설에 따라 발생하는 것이다.[55]

Corder(1967:147-159) 역시 오류를 발생 원인에 따라 언어 간 전이에 의한 오류, 언어 내 전이에 의한 오류, 학습환경 요소에 의한 오류로 분류하였다.

다음과 같은 오류는 '저는 민지입니다'와 같은 표현을 전화상에서 그대로 옮겨 사용한 예로서 모국어가 외국어 사용에 간섭을 일으킨 예, 즉 언어 간 전이가 이루어진 경우이다.

---

55) 언어학습자는 목표어의 체계나 규칙을 발견하는 과정에 있다. 학습자는 스스로 또 대부분 무의식적으로 자신이 사용할 수 있는 기본적인 언어로 이 체계를 구축해 나간다. 가설을 만드는 과정에서 교사나 교재가 제공하는 정보와 설명을 이용하게 되는데 데이터가 불충분하거나 잘못된 정보가 제공되는 경우 불가피하게 잘못된 잠정적인 가설을 형성한다. 이때 잘못된 정보가 제공된다는 것은 교사가 잘못된 정보를 준다는 것이 아니라 불완전하거나 모호한 정보를 제공한다는 것을 의미한다(Corder, 1981:52-53).

(6) (Au téléphone)
    A: Qui est-ce?
    B: <u>Je suis</u> Min-ji. ← <u>C'est</u> Min-ji. (한국어의 영향)

(7)은 전치사 사용에 대한 혼동으로 전치사 'à'를 'à Paris'에서와 같이 국가 명 앞에서도 사용하는 전이를 일으킨 것이다. 이것은 프랑스어 안에서 규칙의 혼동을 일으켜 일어난 언어 내적 오류, 즉 언어 내 전이로 인한 오류이다.

(7) Je vais <u>à France.</u> ← Je vais <u>en France.</u> (프랑스어 내 전이)

또 (8)은 한국어에서의 '보다'가 프랑스어에서는 'voir'와 'regarder'로 달라질 수 있다는 것을 잘 모르고 있다는 사실에 기인하는데, 미처 교사가 설명하지 못했거나 교과서가 이러한 내용을 충분히 다루지 못한 것이 오류의 가장 큰 원인이라고 판단한다면 학습 단계에서 일시적으로 발생할 수 있는 발달상의 오류, 학습환경 요인에 의한 오류라고 규정할 수 있다.

(8) Je <u>vois</u> la télévision. ← Je <u>regarde</u> la télévision. (한국어의 영향, 학습환경의 영향)

둘째, 오류는 결과에 따라 분류할 수 있다(James, 1998:129-161 참조). 결과에 따라 분류했을 때 오류는 언어학적 분류 기준에 의해서 철자·어휘상의 오류, 음성적 오류, 의미적 오류, 형태·통사적 오류, 화용적 오류로 세분된다. 이러한 시각에서 볼 때, (6)과 (7)은 통사적 오류, (8)은 의미적 오류라고 할 수 있다. 그런데 결과에 따른 오류는 학습자의 표면적 언어 사용 전략을 기준으로 누락, 첨가, 대치, 어순의 오형성 등으로 나뉜다(Corder 1981:36).

(9)는 학습자가 부정관사와 소유형용사를 모두 학습하여 알고 있지만 서로 대치될 수 있는 자격을 가진 단어들이라는 것을 모름으로 인하여 발생한 첨가의 오류이다.

(9) C'est une ma sœur. ← C'est ma sœur. (첨가)

(10)은 첨가의 오류와는 반대로 부정관사를 생략하여 일어난 누락의 오류이며 또한 내재해 있는 한국어 어순에 따라 문장을 생성함으로써 일어난 문장 오형성의 오류이다.

(10) Séoul est coréenne ville. ← Séoul est une ville coréenne.
     (누락, 재배치)

(11)과 같은 오류는 'bien'의 의미를 'bon'과 유사한 것으로 인식하고 있으나 정확한 쓰임을 모르기 때문에 일어난 대치의 오류로 판단된다. 혹은 학습이 상당히 이루어진 학습자의 경우, 형용사 'bon'의 활용을 잘 모르기 때문에 활용이 없는 'bien'으로 대치하여 성변화의 오류를 피하려는 의도에서 일어난 대치로 파악할 수도 있다.

(11) Ma sœur est une bien étudiante. ← Ma sœur est une bonne
     étudiante. (대치)

그런데 학습자의 문장 생성 결과를 보면, 언어 사용이 부자연스럽고 올바른 문장이 아닌 것이 분명한데도 오류 사항을 판단하고 수정하기 어려운 오류가 발견되는데, 이때 고려해야 할 것은 Burt & Kiparsky(1972:56-58)의 분류방법이다. 이 연구는 오류를 발생한 범위에 따라 전체적 오류와 부분적 오류로 구분하고 있다.

(12) J'étudie beaucoup _mais_ je lis beaucoup de livres.

(13) J'aime le sport _et_ je _n'ai réussi_ à l'examen.

위와 같은 오류는 (11)까지 논의했던 문장들과는 달리 문장의 생성 의도를 명확히 알 수 없을 뿐만 아니라 일부만을 수정해서는 바른 문장이 되지 않기 때문에 전체적 오류라고 볼 수 있다. (12)의 경우, '나는 공부를 많이 하고 (공부를 위해) 책을 많이 읽는다'라는 문장을 생성하려고 하였으나 접속사 'mais'를 사용함으로써 부분적 오류를 일으킨 것으로 볼 수 있다. 그러나 실제로 이 문장을 생성한 학습자는 '공부 이외의 책도 읽는다'라는 의도를 가지고 있었기 때문에 정확한 의미 전달에 실패한 경우로, 단순한 대치의 오류가 아닌 전체적 오류가 된다. 문장이 'J'étudie beaucoup. _Pour mes études,_ je lis beaucoup de livres.' 혹은 'J'étudie beaucoup mais je lis _aussi beaucoup de livres après les études._' 와 같이 수정된다면 의미의 전달이 더 명확해진다고 할 수 있다.

(13)의 경우는 문장의 생성 의도가 '나는 운동을 좋아하지만 (체육) 시험은 잘 못 보았다'인지, '나는 운동을 좋아해서 (운동하느라고 공부를 많이 하지 못해서) 시험을 잘 못 보았다'인지 명확하지 않은 경우이다.[56] 앞뒤 두 문장의 연결을 위해 접속사 'et'가 사용되었는데 이

---

56) 한국인이라면 (13)을 대체로 이 두 가지로 해석한다. 그러나 프랑스인의 경우 이 문장의 숨은 의미를 '운동을 하는 사람은 머리가 나쁘다. 그러므로 시험을 잘 못 보았다'와 같이 해석하는 경우도 있었다.

것이 뒤에 따라오는 부정문과 정확한 맥락을 이루지 않고 부정문에서도 'pas'가 누락되어 있어서 'n"의 사용이 실수인지 'pas'의 누락이 실수인지 명확하지 않기 때문이다. 전자의 경우라면 'J'aime le sport <u>mais</u> je n'ai pas réussi à l'examen(de sport)'과 같이, 후자의 경우라면 'J'aime le sport <u>et je n'ai pas pu étudier beaucoup</u>. Donc je n'<u>ai pas réussi</u> à l'examen'과 같이 수정된다. 이처럼 전체적 오류를 포함한 문장은 그 생성 의도를 정확히 알 수 없어 어느 부분을 수정해야 할지 판단하기 어려운데, 원어민 화자도 발화 의도를 이해할 수 없는 경우가 많으므로 의미전달이 정확히 되지 않아 의사소통을 어렵게 한다는 사실을 알 수 있다(Burt & Kiparsky, 1972:73).

이에 반해 부분적 오류는 앞서 제시한 언어학적 분류나 학습자의 언어사용 전략에 따른 오류 유형들이다. 부분적 오류는 특정 문장 요소의 문법적 잘못이나 단순한 대치, 첨가, 누락 등이 발생한 것을 의미하므로 수정이 용이하며 문장 구조와 의사소통에 큰 영향을 주지 않는다(Lennon, 1991:189-191). 따라서 부분적 오류보다는 전체적 오류가 좀 더 심각한 문제임을 알 수 있다. 초급 학습자의 경우, 단문 중심의 문장을 생성하기 때문에 전체적 오류를 일으킬 가능성은 적지만 (12), (13)의 경우와 같이 접속사를 포함하는 문장을 생성할 경우 전체적 오류의 가능성은 매우 높아지며 이에 따른 수정과 처방 또한 어려워진다.

한편, 어떤 요소가 오류인지를 판단하기 위하여 전체 텍스트 내에서 고려해야 하는 단위를 밝히는 작업이 필요한데 이와 관련된 것이 영역과 범위에 대한 논의이다(Lennon, 1991:189). 언어는 단어, 구, 절, 문장, 담화 등의 구조로 이루어져 있으므로 오류를 명백히 밝히기 위해서는 철자법, 어휘, 문법, 담화 각 단위를 고려해야 하기 때문이다. Lennon은 다음과 같이 영역과 범위를 규정하였다.

① 영역: 오류임을 판정하기 위해 고려해야 하는 음소로부터 담화
   에 이르기까지의 텍스트 내 언어학적 단위
② 범위: 오류 문장의 교정을 위해 삭제·대치·첨가·재배치해야
   하는 텍스트 내 언어학적 단위

예들 들어, 다음과 같은 문장을 살펴보도록 하겠다.

(14) Je <u>rencontre</u> Marie <u>hier.</u> ← J'ai <u>rencontré</u> Marie hier.

(14)의 경우 'Je rencontre Marie'가 오류라는 것을 알기 위해서는 문장의 마지막 단어인 'hier'까지를 필요로 하는데 이때 주어인 'Je'와 'hier'까지의 거리가 영역이다. 이때 교정이 필요한 단위는 'rencontre'인데 이것이 바로 범위이다.

이처럼 영역과 범위의 개념은 오류 부분을 판단하고 수정하는 데 매우 중요한 역할을 하는데, 특히 여러 문장으로 이루어진 텍스트 내 특정 문장의 오류를 판단할 때 더 중요한 판단 기준이 될 수 있다. 이와 관련하여 목표어로 한 개 이상의 문장으로 구성된 텍스트를 생성하면서 학습자가 일으키는 오류의 예를 들어보도록 하겠다. 다음은 2008년 서울 시내 한 여고의 수행평가에 제출된 편지이다.

(15)

```
                                              Séoul, le 25 avril
Ma chère Sylvie,
①Merci de votre lettre. ②Je suis très heureuse de votre lettre.
③Je suis à Séoul. ④J'étudie le français au lycée. ⑤J'aime beaucoup le
français. ⑥En tout cas, je vous remercie de votre invitation.
⑦Je veux aller en France. ⑧Mais malheureusement je ne peux pas
aller en France parce que je dois étudier pendant les vacances d'été.
⑨Vous pouvez m'écrire une lettre.
                                              Je vous embrasse.
                                              Min-ji
```

이 편지는 전형적인 한국인 학습자가 쓴 편지글로 반복(répétition), 과사용(redondance), 비약(rebondissement)과 같은 오류들이 나타나 있다. 이 편지의 핵심 문은 ⑧로서 초대에 대한 거절과 거절의 이유가 잘 나타나 있다. 또 ⑦과 ⑧은 다른 문장에 비해 상대적으로 연결이 잘 되어 있는 편이다. 그러나 ①, ②, ⑥은 같은 의미의 반복이므로 편지는 'En tout cas'를 뺀 상태에서 ⑥으로 시작하는 것이 낫다고 생각된다. 따라서 앞의 ①~⑤ 문장은 과도한 사용으로 판단된다. 게다가 ③, ④, ⑤는 편지의 주제와 관계없이 옆으로 이야기가 흐른 경우다. ⑨는 비약으로 너무 갑작스러운 끝맺음이다. 프랑스인 교사는 이 텍스트에 대해 프랑스어로 된 편지로는 너무 이상스럽게(bizzare) 보인다고 판단하였다.57) 이 텍스트에 관해 지적한 여러 가지 오류가 표

---

57) 이와 관련하여 Kaplin(1987)은 각 언어 화자들은 서로 다른 글쓰기 방식을 가지고 있으며 서양인의 글쓰기가 대체로 선적인 구조로 요점을 정확하게 말하는 방식인 데 반하여, 한국인의 글쓰기는 나선 형태로 순환적이라고 한 바 있다. 또 Eggington(1987)은 한국인의 글쓰기는 흔히 갑작스러운 주제의 변화와 같은 특징을 보인다고 하였다(Odlin, 1989:62에서 재인용). 이러한 한국인의 문장생성 방식은 외국어 사용에서도 마찬가지로 드러나 목표어 화자가 보기에는 이상하게 되는데, 이는 결국 한국어의 논리적 연결방식(cohérence)가 목표어의 그것과 다른 때문이다. 또 Hinds(1983, 1984, Ibid 재인용)에 의하면 일본인 역시 한국인과 유사한 글쓰기 방식을 가지고 있다고 한다. 그러므로

면에 드러나기 위해서는 영역과 범위에 관한 이해가 필요함을 알 수 있다. 'En tout cas'의 경우 이 자체로는 아무 문제가 없지만, 이것이 적절치 않다는 것을 알기 위해서는 최소한 ③에서 ⑥문장까지의 영역이 필요하다. 또 앞뒤 문장과 편지 전체 내용을 영역으로 보았을 때 'En tout cas'는 단일 요소 이상의 범위에 영향을 미쳐 편지 전체의 흐름, 즉 의사소통 맥락을 방해하고 있음을 알 수 있다. 앞서 언급한 반복, 과도한 사용, 비약 등도 편지 전체를 영역으로 하지 않고는 판단할 수 없는 오류들이다.

외국어 학습자들의 오류를 설명하기 위하여 이상과 같이 오류에 대한 이론적 논의, 오류의 정의 및 판단 방법에 대해 알아보았다. 외국어 학습은 기본적으로 오류를 동반할 수밖에 없다. 오류 없이 정확하게 말하거나 쓰는 일은 모국어에서도 힘들기 때문이다.[58] 그러나 앞서 언급한 바와 같이 오류의 유형과 정도는 학습자마다 다르므로 오류는 학습자의 언어능력을 말해주며 더 강화해야 할 교수·학습 요소 결정에서의 지표가 된다. 특히 프랑스어는 영어나 일본어, 중국어와 같은 다른 외국어와 언어의 성격이 달라 학습자들이 범하는 오류의 성격 및 유형에도 차이가 있을 것으로 생각된다.

다음으로 초급 프랑스어 학습자의 오류를 분석하고 그에 관한 교육적 해결책을 모색하기 위하여 실제 교수·학습 과정에서 드러난 오류를 수집하여 결과에 따라 분류하고 그 원인을 알아보기로 하겠다.

한국인들의 일본어 생성에서는 논리적 연결방식의 차이로 인한 문제는 발생하지 않으리라고 예측할 수 있다. 논리적 연결방식의 유사성은 듣거나 읽기 자료의 이해도 더 쉽게 한다.

58) 많은 언어 사용 상황에서 누군가가 보유한 지식과 상황적 요구 사이에는 잘못된 결합이 생기는 것이 사실인데 이것은 원어민 화자도 마찬가지이다. 우리 누구도 우리의 언어에 대해서 완전하고 완벽한 지식을 가지고 있지는 못하다(Corder, 1981:46).

4. 학습자 오류

오류의 원인

초급 단계에 있는 외국어 학습자들은 목표어에 대한 지식이나 정보, 학습, 훈련이 부족하므로 이들이 생성하는 문장은 대부분 오류를 포함하게 된다. 오류의 원인으로는 목표어에 따라 비중을 달리하여 앞서 논의한 언어 간 전이, 언어 내 전이, 학습환경 등이 작용할 것이라고 전제해 볼 수 있는데, 실제로 오류의 원인에 관해서는 연구에 따라 그 결과가 다르다. Tran-Thi Chau(1975:133)의 연구는 모국어의 영향이 약 51%를 차지하고 목표어 자체 원인이 27% 정도이며 그 밖의 원인이 22% 정도라고 한다. 그러나 Dulay & Burt(1974:129)에 의하면 목표어 습득 과정의 학습 전략에 의한 오류가 87.1%인 데 반해 모국어 간섭에 의한 오류는 4.7%에 불과하다. 이러한 상이한 연구결과는 초급 프랑스어 학습에서 나타나는 오류원인을 규명하는 데 있어서 상당히 흥미로운 시사점을 제공한다. 외국어 학습에서 모국어의 영향과 목표어의 영향이 차지하는 비율은 학습자의 연령과 학습 수준, 언어학습환경 등 다양한 조건에 따라 매우 달라질 수 있음을 시사하기 때문이다.59)

오류와 관련하여 모국어 및 목표어의 상관관계 그리고 목표어 내 원인에 대해서는 많이 연구됐지만, 학습환경 측면에 대해서는 많은 연구를 찾아볼 수 없다. 학습환경은 교재나 교사의 역할, 실제 수업

---

59) Tran-Thi Chau의 연구는 토론토의 영어를 모국어로 하는 2년차 스페인어 학습자(고등학생)를 대상으로, Dulay & Burt의 연구는 캘리포니아와 뉴욕의 스페인어를 모국어로 하는 초급 영어 학습자(5~8세)를 대상으로 한다.

방식과 관련되므로 언어 자체의 성격과 큰 관계가 없어 다른 오류 원인과는 그 위상이 달라 언어 자체에 관심을 두는 연구자들의 관심을 끌지 못한 것이 그 주된 이유라고 생각된다. 더구나 학습자의 언어 사용에 중대한 영향을 미치는 학습환경의 예로 목표어를 사용하는 동질언어 환경을 들 수 있는데, 우리나라 학습자들이 이러한 상황에 놓인 것은 아니므로 학습환경 원인에 의한 오류는 여기에서 주요한 원인으로 다루지 않기로 한다.

한편, 한국의 외국어 학습에서는 외국어로서 가장 먼저 배우기 시작한 영어의 영향을 무시할 수 없다. 영어의 전이는 언어 간 전이에 포함되는데, 본 논의에서는 모국어인 한국어와 영어가 외국어 학습에 미치는 영향 정도가 다른 것으로 보고 모국어의 간섭과 영어의 간섭을 별도의 항목으로 다루기로 한다.

1) 모국어의 간섭

모국어가 외국어 학습에 어느 정도의 영향을 주는가에 대해서는 의견이 다르지만, 모국어가 외국어 학습에 영향을 미친다는 사실에 대해서는 연구자 대부분이 인정하고 있다. Brown(2007:263)에 의하면 언어 간 전이는 외국어 학습의 초기 단계에서 많이 일어나며 이것은 모든 학습자 오류의 중요한 원인이 된다. 외국어 학습 초기 단계에서 모국어의 영향을 많이 받게 되는 것은 외국어 체계에 익숙해지기 전 단계에서 학습자가 자신의 언어 학습에 끌어들일 수 있는 언어체계가 모국어밖에 없기 때문이다.[60]

---

60) 학습자들은 모국어의 체계를 목표어 수행에 적용하는 경향이 있는데 Kellerman(1977)은 이를 전이성 (transferability)이라고 하였으며 Corder는 차용 가능성(Borrowability)이라고 지칭하였다(Corder, 1981:96에 서 재인용).

모국어의 전이가 외국어 학습에 긍정적인 영향을 주어 학습에 도움을 줄 때 이를 긍정적 전이 혹은 전이(transfert positif, transfert)라고 하고, 부정적인 영향을 주어 오류의 원인이 될 때 이를 부정적 전이 혹은 간섭(transfert négatif, interférence)라고 한다(Lado, 1957, Porquier, 1991:201에서 재인용).

대조분석 이론에서는 외국어 습득 과정에 있어 모국어의 부정적인 간섭의 측면만을 강조하였다. 그러나 실제로 모국어가 외국어 습득에 부정적인 영향만 미치는 것은 아니다. 문장이 주어·서술어·목적어 등의 성분으로 이루어진다는 사실에 대한 인지 자체가 외국어 학습에 도움이 되며 모국어에 대한 기본 지식이 외국어 학습의 배경이 되어주기 때문이다. Odlin(1989:36)은 모국어와 목표어 어휘의 유사성은 이해 능력을 기르는 데 걸리는 시간을 단축해 주며, 모음 체계의 유사성은 소리 인식을 쉽게 하고, 쓰기 체계의 유사성은 목표어로 읽고 쓰는 데 유리한 출발점이 될 수 있으며, 또 언어 구조의 유사성은 문법의 습득을 쉽게 한다고 하였다. 예를 들어, 일본어 학습자들은 모국어와 목표어 사이의 유사성으로 인해 프랑스어 학습자들보다 상대적으로 학습을 쉽게 생각한다.

2) 언어 내 전이

외국어 학습 초기 단계에서는 모국어의 영향이 크지만, 학습이 진전됨에 따라 모국어의 영향은 줄어들고 목표어 자체 내에서 일어나는 전이에 따라 오류가 발생한다는 것이 일반적인 견해이다. 학습이 시작되어 제2언어를 습득하기 시작하면 언어 내에서 일어나는 전이 및 간섭이 많아지게 되는데, 이는 학습자가 이제는 모국어의 규칙에 기대지 않아도 이미 선행 경험으로 축적된 목표어 자체의 규칙을 참고할 수 있기 때문이다.

James(1998:185-187)는 언어 내 간섭 원인을, ① 잘못된 유추, ② 오분석, ③ 불완전한 규칙의 적용, ④ 과사용, ⑤ 제약 조건의 무시, ⑥ 과적용, ⑦ 지나친 일반화 또는 단순화, 일곱 가지로 제시하고 있다. 그러나 언어 내 전이에 의한 오류의 원인은 경계가 분명하지 않기 때문에 한 가지 원인으로 단정하기가 어렵다. 따라서 오류 분석 시 연구자가 명확한 기준을 설정해야만 한다.

3) 학습환경

학습환경에 의한 오류는 발달 오류라고 하기도 하는데 이것은 앞서 언급한 대로 학습자의 제한된 학습 경험, 교과서 및 교실수업의 영향으로 학습자 나름대로 세운 가설에 따라 발생하는 것이다. 학습환경은 교사와 교재가 있는 교실 상황을 의미하며 교실 밖에서 자연스럽게 목표어를 사용하는 경우는 사회적 환경까지도 포함하게 된다.[61] 그러나 우리의 경우 일상생활에서는 목표어를 사용하지 않는 이질언어 환경이므로 학습환경은 주로 교육과정, 교과서, 학교환경 및 제2장에서 학습환경으로 분류한 과목의 학습 여건(학습 자료와 정보 수입, 언어사용 기회), 교실 설비와 교사를 의미하게 된다.

교과서가 학습자 오류의 원인이 되는 경우는 교과서가 오류의 원인이 될 수 있는 내용을 다루지 않거나 잘못 다룬 경우, 혹은 소홀히 하고 있는 경우라고 할 수 있다. 또 교사의 설명이 충분하지 않거나

---

61) 사회적 환경에서 외국어를 학습하는 경우는 그 사회 구성원의 언어를 그대로 습득할 가능성이 높다. 비근한 예로, 한국으로 귀화한 외국인 중, 경상도 지역에 거주하는 사람은 경상도 사투리를 구사한다.

미처 설명하지 못한 경우, 교사 자신의 외국어 구사 방법에 문제가 있는 경우에는 교사가 학습자 오류의 원인이 된다. 예를 들어, 경상도 출신의 프랑스어 교사가 e[ə] 발음을 한국어 '어'에 가까운 소리로 전달한다면 학습자들의 발음 인식 자체에 문제가 발생한다. 교실 내 언어가 매우 격식을 갖춘 형식이라는 것 또한 학습자들의 오류 원인이 되는데, 교실 상황에서 외국어를 배운 경우는 구어체나 축약형의 사용이 매우 어렵고 배운 언어를 실제 상황에 맞게 사용하기도 힘들기 때문이다.[62] 교육과정이나 학습 여건, 교실 설비 등은 언어적 내용 및 정보와 관련되지 않으므로 직접적인 오류의 원인이 되지는 않는 것으로 생각된다. 그러나 AC에 따른 의미·기능 중심 교육과정은 정확성보다 유창성을 중시하여 오류에 대해 관대한 태도를 보이기 때문에 오류에 대한 교정이 제대로 되지 않아 계속해서 같은 오류를 범하게 되는 원인으로 작용할 수 있다. 또 학습 여건이 외국어 학습 상황에 적합하지 않고 교실 설비 등이 갖추어지지 않았을 때, 학습자는 충분한 언어적 자료를 받지 못하게 되므로 자신의 오류에 대한 교정 기회를 제한받게 된다.

4) 영어의 간섭

프랑스어를 학습하는 한국인 학습자들의 또 다른 오류 원인으로 영어의 간섭을 들 수 있다. 영어는 한국인 대부분이 가장 먼저 학습하게 되는 외국어로서 외국어를 대표하는 이미지를 구축하고 있는데, 프랑스어의 경우 형태상 유사성이 많아 형태·통사적인 면에서 긍정

---

62) 반대로 애니메이션이나 드라마, 게임 등을 통하여 구어에 먼저 접촉한 일본어 학습자의 경우는 반말에는 익숙하나 존댓말에 익숙하지 않아 상황에 맞지 않게 반말을 구사하는 것이 관찰되기도 한다.

적인 전이 현상도 있지만, 발음 및 어휘 측면이나 일부 통사·의미적인 측면[63]에서 긍정적인 전이보다는 간섭현상이 두드러진다. Oller & Ziahosseiny(1970)가 철자오류 연구에서 밝힌 바와 같이 영어를 제2언어로 학습하는 경우, 중국인이나 일본인 등과 같이 전혀 다른 글자를 쓰는 학습자보다 오히려 로마자를 쓰는 스페인이나 독일인 학습자들의 오류가 많다는 사실과 연관된다. 근접성과 유사성으로 인해 철자나 의미상의 혼동이 유발되거나 무의식적으로 영어의 규칙을 적용하는 간섭이 일어나기 때문이다.

언어 간 차이뿐만 아니라 유사성이 전이 및 간섭을 일으킨다는 주장을 수용한다면 외국어 학습에서 프랑스어는 영어와 이러한 영향 관계에 있을 것이라는 추정이 가능해진다.[64]

학습자 오류의 실제 예

그러면 지금부터 본 저자의 수업에서 수집된 학습자들의 언어생성 자료를 바탕으로 프랑스어 학습자들이 범하는 오류의 실제 예들을 알아보기로 하겠다. 오류의 분류는 James(1998)의 견해에 근거하여 오류 결과에 따라 발음 오류, 철자 및 어휘 오류, 의미적 오류, 형태·통사적 오류, 화용적 오류로 분류하였다. 이를 논의하는 가운데 오류원인에 대한 논의도 병행하였는데, 오류 원인은 한 가지 이상이 될 수

---

63) 통사적인 측면에서 간섭현상의 예를 하나 들어 보면, 대명사 목적어가 들어가 있는 평서문, 명령문이 그 예이다. 예) Je regarde la. ← I see her.

64) 언어적·문화적 요인을 포함하는 여러 가지 요인에 따라 제1언어와 제2언어가 제3언어에 미치는 영향, 언어 간 간섭의 정도가 달라진다. 특히 제2언어와 제3언어가 밀접하게 관련되어 있거나 제2 언어를 학습하기 시작한 지 얼마 안 되어 제3언어를 학습하려고 할 때 간섭이 더 다양하게 나타난 다(Brown, 2007:264).

도 있으므로 좀 더 중대한 원인이라고 생각되는 쪽으로 분류하고 설명하였다.

오류자료는 2000년부터 2010년 사이, 수업 중의 관찰(말하기 및 읽기의 경우)과 중간·기말고사의 서술형 문항답지, 연간 네 차례 시행한 수행평가(읽기, 말하기, 쓰기)를 통하여 수집되었다. 수업연구 발표 시 학생들이 작성한 역할극 대본을 통하여 수집된 예도 있다.

고등학교 학습자들의 오류를 분석하는 데는 여러 가지 한계가 있었다. 제한된 수업시수 내에서 정해진 양을 학습해야 하므로 교수·학습 활동에서 학습자들의 듣기, 읽기, 말하기, 쓰기 활동이 언제나 활발하게 이루어지는 것이 아닌 데다가 교사 중심의 수업으로 흐르는 경우가 많아 자료의 수집이 어려웠다. 따라서 듣기, 말하기, 읽기, 쓰기의 언어 네 기능에 따른 정확한 오류분류는 어려웠으며, 듣기·말하기의 구어 오류와 읽기·쓰기의 문어 오류 사이의 연관관계를 명확히 밝히는 데도 한계가 있었다. 또 발음 오류는 말하기나 읽기를 통하여 밝혀진 것이지만, 말하기를 전제로 한 문장 생성에서의 오류는 준비 단계인 쓰기를 통하여 주로 발견된 것임을 밝혀둔다. 고등학교 학습자들이 쓰기를 통해 미리 준비하지 않고 자연스럽게 목표어로 발화하는 경우는 많지 않기 때문이다.

본 연구의 가장 큰 한계점은 연구자가 제시하는 오류의 예는 일정 기간에 실제 교육현장 경험을 통하여 수집된 것으로서 고등학교 학습자들이 저지를 수 있는 모든 오류를 포함하지는 않는다는 것이다.65) 언어의 생성 방식이 다양한 만큼 오류의 예는 매우 다양하므로 연구자와 연구 상황에 따라 얼마든지 다른 예들이 발견될 수 있다.

---

65) 앞서 언급한 바와 같이 이것은 오류분석 이론의 한계이기도 하다.

따라서 본 장의 분석결과는 이러한 전제를 바탕으로 해석되어야 할 것이다.

초급 프랑스어 학습자의 경우, 완전히 다른 언어체계로 인하여 학습에 모국어인 한국어의 긍정적인 전이가 이루어지기는 힘들지만, 오류를 일으키는 모국어의 간섭 또한 적다. 프랑스어 자체의 어려움이나 프랑스어보다 먼저 학습한 영어의 간섭이 오류의 주된 원인이 된다.

1) 발음 오류

학습자 요구조사에서 나타난 바와 같이 초급 학습자라 할지라도 정확한 발음에 대한 요구가 높다. 프랑스어로 간단한 대화를 할 수 있어도 발음이나 억양이 자연스럽지 못하면 학습자는 자신의 외국어 수준에 대해 만족하지 못한다. 그런데 문제는 학교 수업에서 발음 교육이 제대로 이루어지고 있지 못하다는 데 있다. 그 이유는 교육과정 자체가 정확성보다 유창성을 강조하는 데다가 학습해야 할 분량이 너무 많아 현실적으로 발음 교정에 많은 시간을 할애할 수 없고, 무엇보다 정확한 발음을 한다는 것이 초보자에게는 어려운 일이기 때문이다. 단순히 프랑스어와 한국어의 발음 체계를 비교하는 것만으로는 실제적인 발음교육이 이루어지지 않는다. 교사 스스로 정확한 발음을 인식하고 좋은 모델이 되어야만 발음교육을 제대로 할 수 있을 것이다.

한국어의 음성 구조는 프랑스어의 음성 구조와 매우 다르므로 엄밀히 말해 한국인 초보 학습자가 하는 발음은 모두가 오류라고 말할 수 있겠지만, 정확한 발음을 구사하기까지 상당한 학습 시간이 필요하므로 이와 같은 점은 발음상의 오류에 관한 논의에서 제외하기로 한다. 발음과 관련된 오류는 프랑스어 자체의 규칙을 잘 모르거나 알더라도 실제 발화에 잘 적용하지 못하여 발생하는 오류, 선행 학습한 영어의 영향으로 인한 오류, 그리고 한국어의 간섭으로 인한 오류로 나누어 볼 수 있다.66)

그러면 초급 학습자들의 발음상의 오류를 유형별로 살펴보도록 하겠다.

- 잘못된 규칙 적용으로 인한 오류

(16)~(28)의 오류는 프랑스어 규칙을 제대로 습득하지 못하여 발생하는 오류로 학습자들이 수업을 통하여 기본적인 규칙에 대한 설명을 듣고 학습한 이후에도 실제로 그것을 체득하여 적용하는 데는 어려움을 느낀다는 사실을 보여주는 것이다.

학습자들은 프랑스어의 기본 규칙, e/é/è, eu/œu의 발음법과 연음 규칙 그리고 이러한 규칙의 예외적인 적용에 대해 많은 오류를 생성하였다.

ⓐ e, é, è, e+자음 2개

(16) Aujourd'hui, c'est samedi.
　　　　　　　　[e]←[ə]
(17) C'est le garçon de M. Dupont.
　　　　　　[e]←[ə]　[e]←[ə]
(18) Je parle français.
　　　　　[e]←[ə]

---

66) 대조분석 이론에서는 가장 전형적인 모국어 간섭의 예로 발음을 들고 있다. 모국어 발음이 목표어 사용에 간섭을 일으키므로 우리는 흔히 특정 발음이나 억양으로 발화자의 국적을 추정할 수도 있다. 그러므로 외국인에게 프랑스어를 가르치는 프랑스인 교사는 발음으로 한국인과 일본인을 구별할 가능성이 있다. 그러나 고등학교 학습자의 경우, 프랑스어의 발음 체계를 거의 모르는 상태에 있으므로 모국어 발음의 간섭보다는 목표어 능력 부족으로 인해 겪는 학습의 어려움을 위주로 논의를 진행해야 할 것이다. 그렇지 않으면 학습자의 발음은 전부 오류가 되므로 논의 자체가 무의미해진다.

(19) A côté de Minji, c'est Minho.

       [ə]←[e]

(20) Je m'appelles Michel.

       [mapəle]←[mapɛl]

학습자들은 'e'를 모두 [e]로 발음하는 오류를 가장 많이 범하는데, 단자음 앞이나 단어의 마지막에 오는 경우에 묵음이 되거나 [ə]로 되는 것을 몰라 [ɛ]나 [e]로 발음한 (16)~(18)이 그 예이다. 반대로 (19)는 'e'를 단어의 마지막에 있는 'e'로 인식하여 [ə]로 발음한 오류이다. (20)의 경우는 동사원형 'appeler'의 발음을 동사 변화 시에도 적용하여 오류를 일으킨 경우이다. 이러한 오류들로 미루어 보아 'e'와 관련된 발음 연습이 충분하지 않아 학습한 규칙 적용에 혼란이 있는 것으로 보인다.

ⓑ ai

(21) Nous faisons le devoir.

       [ɛ]←[ə]

(21)은 'ai'가 [ɛ] 소리가 난다는 기본 규칙에 충실한 나머지 예외적인 상황이 되었을 때는 예외를 바로 적용하지 못하는 데 기인한 오류이다.

ⓒ eu, œu

(22) Il y a deux enfants.

       [u]←[ø]

(23) Il pleut.

       [u]←[ø]

(24) C'est ma sœur.

       [ɛ]←[œ]

또 'eu', 'œu'의 경우는 선행 학습한 영어에서 비슷한 예를 찾을 수 없고 발음하기도 어려워서 오류가 많다. (22), (23)과 같이 'eu'를 [u]로 발음하는 경향이 많은데 이는 [ø]와 [u]가 모두 원순모음으로서 소리 낼 때 입술 모양이 비슷하여서 학습자들이 무의식적으로 소리 낼 경우 주로 [u] 소리가 되기 때문으로 보인다. (24)는 [œ]소리를 낼 때 입술 모양에 주의하지 않음으로써 입이 더 벌어지게 되어 [ɛ]로 발음한 경우이다.

ⓓ 연음

(25) C'est un grand avion.
　　　　　　　[grɑ̃davjɔ̃] 혹은 [grɑ̃avjɔ̃] ← [grɑ̃tavjɔ̃]
(26) Vas-y!
　　　[si] ← [zi]
(27) Il est six heures.
　　　　　[sœ] ← [zœ]
(28) C'est toi moi. ← C'est à moi.

연독(liaison)은 한국어의 연음(enchaînement)이나 자음동화와 같이 한 단어가 아니라 단어와 단어 사이에 존재하는 발음의 연결과 관련된 변이 현상이기 때문에 한국 학습자들에게는 매우 낯설다. 학습 시 규칙을 지식으로서 외우기는 하지만 연습 부족으로 인해 발화에 적용하는 데 어려움이 있다. 특히 연독 시에 발음이 달라지는 'd', 's', 'x'의 경우 많은 학습자가 발음을 잘못한다. 또 일반적으로 연독 현상을 잘 모르고 있어서 듣고 이해하기가 힘들며 그 결과 받아쓰기에 많은 오류가 생긴다. 따라서 (28)과 같이 발음상 유사하지만, 비문법적인 문장을 생성하는 것을 빈번하게 볼 수 있다.

- 영어의 간섭으로 인한 오류

(29)~(40)의 오류는 모두 영어의 영향으로 인한 오류들로서 초급 단계에서 학습자들이 발음할 때에는 같은 알파벳을 사용하는 영어의 선행지식에 의존한다는 사실을 보여준다.

ⓐ 무음 h

(29) C'est un hôtel.
      [œ̃hɔtɛl] ← [œ̃nɔtɛl]
(30) Je vais à l'hôpital.
      [hɔspital] ← [ɔpital]

(29)는 영어와 비슷한 단어를 영어처럼 발음하려는 경향을 보이는 오류의 예인데, 특히 (30)의 경우는 영어 단어처럼 발음하다 보니 단어에 없는 [s] 소리를 첨가하게 된 오류이다. 학습 초기에 학습자들은 'h'가 소리 나지 않는다는 사실을 잘 받아들이지 못하는데, 특히 모음과 같이 취급되는 무음 'h'는 교사가 유음 'h'와의 차이를 설명하기도 어렵고 학습자들이 이해하는 데도 어려움이 있다.

ⓑ il, ille

(31) C'est une fille.
      [il] ← [ij]
(32) C'est ma famille.
      [il] ← [ij]
(33) C'est la ville de Séoul.
      [ij] ← [il]

(31)과 (32)는 학습자들이, 'il'과 'ille'이 대부분의 경우 [ij]로 소리 난
다는 것을 잘 몰라 영어와 같이 [il]로 발음한다는 것을 보여준다. 더
구나 (33)과 같이 [il]로 소리 나는 예외가 있기 때문에 혼란이 더 가중
되는 것으로 보인다.

ⓒ u

(34) Prenez la deuxième r<u>u</u>e à gauche.
　　　　　　　　　[u] ← [y]
(35) C'est le m<u>u</u>sée du Louvre.
　　　　　　[u] ← [y]

또 (34), (35)에서 알 수 있듯이 'u'는 영어와 같이 항상 [u]로 소리
내려는 경향을 보인다.

ⓓ 소리 나지 않는 철자

(36) Je vais à Pari<u>s</u>.
　　　　　　　　[s] ← Ø
(37) D'accor<u>d</u>.
　　　　　[d] ← Ø
(38) Nous sommes en auto<u>m</u>ne.
　　　　　　　　　[ɔtom] ← [ɔtɔn]

(36), (37)과 같이 학습자들은 무의식적으로 마지막 자음을 소리 내
려는 경향이 있는데, 이것 역시 외국어로서 먼저 학습하였으며 같은
알파벳을 사용하는 영어의 영향이라고 할 수 있다.

ⓔ a와 l

(39) J'h**a**bite à P**a**ris.
        [æ] ← [a]
(40) Que**l** fi**l**m aimes-tu?
        [l] ← [l]⁶⁷⁾

조기 영어교육의 영향으로 음성적 차원에서 영어의 영향이 많은데, (39)와 같이 학습자 대부분이 프랑스어에서 철자 'a'는 다음에 'i'나 'u'가 올 때가 아니면 항상 [a]로 발음된다는 것을 몰라 [æ]나 [ɐ]와 같이 소리 내려는 경향을 보인다. 또 (40)에서 알 수 있듯이 영어의 영향은 특히 [l] 발음에서 두드러진다. 학습자들은 [l]을 영어에서와 같이 혀끝을 말아서 권설음으로 발음한다.

ⓕ 비모음

(41) Je vais **en** France.
        [ɛn]←[ɑ̃]

비모음 [ɑ̃], [ɛ̃], [ɔ̃], [œ̃]의 경우는 한국인의 음성체계에 존재하지 않으므로 원어민이 아닌 이상 한국인 교사도 제대로 발음하기 어렵다. (41)에서 보듯이 학습자들은 미리 학습된 영어의 간섭으로 'an', 'am', 'on', 'om' 등에서 'n'이나 'm'을 [n], [m]과 같이 발음하려고 한다.

---

67) 프랑스어와 영어의 l[l]은 모두 설측음으로 발음기호상 동일하나 조음 시 혀끝의 위치가 다르므로 각각 다른 소리가 나게 된다.

- 한국어의 간섭으로 인한 오류

한국어 발음의 영향으로 (42), (43)과 같은 오류가 빈번히 발견된다.

(42) Vous parlez français?
[p]←[f]
(43) Tu vas en France?
[p]←[f]

양순음 p[p]가 자주 순치음 f[f]로 소리 나기 때문에 의미의 혼란을 초래하는 경우가 많다. 이는 한국어 학습자들이 영어 습득 과정에서도 보이는 현상인데, 한국어에는 [p]와 [f]의 구분이 없어서 어떻게 발음해도 의미에 별다른 영향을 주지 않아 이 두 소리가 의미의 최소 변별쌍이 되지 않기 때문이다.

2) 철자 및 어휘 오류

한국인 학습자들이 범하는 많은 철자 오류는 철자의 발음 문제와 연관된다. 또 대부분의 어휘 오류는 어휘 능력의 절대적인 부족에 기인하는데, 이것은 프랑스어 어휘가 어렵기 때문만은 아니고 영어 어휘와의 유사성에 의해 유발되기도 한다. (44)는 발음 원인에 의해 일어나는 오류라고 볼 수 있다. 학습자들은 'c'와 's' 발음을 동일하게 인식하고 있기 때문에 쓰기에서도 오류를 범하게 된다.

(44) Il y a une caccette sur la table. ← Il y a une cassette sur la table.

또 문장의 첫 글자를 대문자로 쓰고 문장의 끝에 마침표를 찍는 것에 부주의하며, (45)와 같이 악상(accent)을 누락시키는 일도 빈번하다.

(46), (47)과 같이 'g'와 'q'를 혼동하기도 하며 유사하게 보이는 'qui'나 'oui', 'où'를 서로 바꾸어 읽거나 쓰기도 한다.

(45) Allons au marche! ← Allons au marché!
(46) Nous sommes cinq. ← Nous sommes cinq.
(47) Oui êtes-vous? ← Où êtes-vous? / Qui êtes-vous?

(48)~(52)는 영어 단어와의 유사성으로 인해 철자상의 오류를 일으키는 예들이다.

(48) address ← adresse
(49) dinner ← dîner
(50) apartement ← appartement
(51) exercise ← exercice
(52) par example ← par exemple

같은 어원을 가진 단어지만 영어의 이중 자음이 프랑스어에서는 단일 자음으로 되어 있기도 하고 거꾸로 영어의 단일 자음이 프랑스어에서는 이중 자음으로 되어 있는 경우도 있다. 단어 내 특정 철자가 다른 경우도 있는데, 이러한 경우는 모두 선행 학습한 영어의 영향으로 오류로 연결되는 경우가 많다.

3) 형태·통사적 오류

- 한정사의 사용
한국인 학습자들은 관사의 사용에 어려움을 가지고 있다. 이는 한국어에는 관사가 없어서 아예 사용하지 않거나 용법이 유사할 것이라고 믿게 되는 영어의 사용 예를 따르기 때문으로 생각된다.[68]

(53) J'aime bananes. ← I like Øbananas. (영어의 간섭)
(54) Je suis allée à école. ← I went to Øschool. (영어의 간섭)

이는 근본적으로 프랑스어에서의 명사 현동화(actualisation)[69] 방식이 한국어와 다르다는 사실과 연관되는데, 이는 프랑스인과 한국인 사이에 존재하는 보다 근본적인 사고방식과 관련된 것이기 때문에 어렵다.

또 수에 대한 관념이 희박하여서 다음과 같은 문장을 쓰기도 한다.

(55) La photo sont à moi. ← Les photos sont à moi. (한국어의 간섭)
(56) J'aime la pomme. ← J'aime les pommes. (한국어의 간섭)

(55)와 같은 문장은 복수동사 앞에 단수주어를 잘못 사용한 예이다. 이 문장을 한국어로 옮길 때는 비록 주어가 복수형으로 제시되어 있다고 하더라도 '그 사진은 나의 것이다'와 같이 옮기는 것이 자연스럽기 때문일 것이다. 이와 같은 맥락에서 (56)의 '나는 사과를 좋아해요'와 같은 문장에서 사과를 복수로 표현한다면 한국어로는 '나는 사과들을 좋아해요'와 같이 되어 부자연스럽기 때문에 한국인 학습자들은 이 경우 복수 사용을 꺼려 정확한 의미 전달에 실패하게 된다.

---

68) 따라서 (53)과 (54)는 오류원인을 영어의 간섭과 한국어의 간섭 두 가지로 볼 수 있으며 이 두 가지 간섭의 비중을 따지기 어렵다. 그러나 학습자 대부분이 프랑스어에 관사가 있다는 사실을 안다는 것을 전제하고 영어의 간섭으로 분류하기로 한다.
69) 그 자체로는 잠재적인 기호에 불과한 단어가 문장에 쓰여 구체적 의미나 기능을 지니게 되는 현상. 『불한중사전』, 삼화출판사.

(57)과 같은 문장은 제시된 그림을 보고 문장을 생성할 때 나타나는 오류이다. 부분관사를 연습하기 위하여 다음과 같이 프랑스인들의 아침 식사가 준비된 식탁의 그림70)이 제시되었을 때 학습자들은 식탁 위에 놓여 있는 여러 개의 빵, 여러 개의 찻잔을 의식하게 된다. 이 경우 학습자들은 복수관사를 사용한다.

(57)

Au petit déjeuner, les français prennent <u>des</u> pains avec <u>des</u> beurres.
Les français prennent aussi <u>des</u> cafés avec <u>des</u> sucres.
← Au petit déjeuner, les français prennent <u>du</u> pain avec du beurre parfois. Ils prennent aussi <u>du</u> café avec ou sans sucre.

- 모음축약

학습자들은 이론적으로는 모음축약 현상을 잘 알고 있으나 적용하는 데 어려움을 느낀다. (58)~(60)과 같이 사용빈도가 높은 동사 'être'의 'est', 1군 동사의 'aimer'나 'habiter'를 사용하는 경우에도 오류가 빈번하다.

---

70) 사진 출처, http://www.wccusd.k12.ca.us/elcerrito/part/language/french/le_petit.htm

(58) <u>Ce est</u> un livre. ← <u>C'est</u> un livre.

(59) <u>Je aime</u> la musique. ← <u>J'aime</u> la musique.

(60) <u>Je habite</u> à Séoul. ← <u>J'habite</u> à Séoul.

쓰기에서 이러한 문장을 생성하는 학습자는 모음축약 현상을 의식하지 못하기 때문에 말하기에서도 같은 오류를 범한다. 이러한 오류는 검토 과정에서 스스로 고치기도 하지만 교사의 지적으로 고치는 경우가 더 많다. 따라서 이러한 잘못은 단순한 실수(faute)로 보기보다는 오류(erreur)의 범주로 고려하는 것이 더 타당할 것이다.

- 축약관사

축약관사는 모음축약보다 학습자들이 더 어려움을 느끼는 예이다. 프랑스어에 익숙하지 않은 데다가 축약을 하려면 전치사와 정관사의 용법을 정확히 알아야 하고, 부분관사와도 구별할 수 있어야 하기 때문이다. 오지선다의 선택형 시험 문항에서는 관사를 축약하는 것이 문제해결의 관건이라는 것을 학습자들이 알고 있기 때문에 쉽게 정답을 고르지만, 쓰거나 말하는 경우에는 학습자 대부분이 오류를 범한다.

(61) C'est à côté <u>de le</u> cinéma. ← C'est à côté <u>du</u> cinéma.

(62) C'est près <u>de les</u> chaises. ← C'est près <u>des</u> chaises.

- 어순

프랑스어의 어순은 한국어보다는 상대적으로 영어와 더 가깝다고 할 수 있다. 그러나 영어의 규칙을 적용하는 경우 오류가 발생하는 경우가 많은데, 그 전형적인 예가 (63)~(64)와 같이 목적어로 대명사가 사용된 문장이다. 프랑스어에서는 명사일 경우와 대명사일 경우, 또 평서문과 명령문의 경우 목적어의 위치가 달라지기 때문이다. 학습자들은 평서문과 명령문에서 대명사 목적어의 위치 선정에 어려움을 느끼며 때로는 대명사 목적어를 정관사와 혼동하기도 한다.

(63) Je regarde la. ← Je la regarde. (영어의 간섭)
(64) La regarde! ← Regarde-la! (한국어의 간섭)

또 한국어는 문장 대부분을 주어 없이 말하지만, 프랑스어에서 주어가 생략되는 경우는 명령문의 예에서만 찾아볼 수 있다는 점도 한국인 학습자들에게는 어려움의 한 요소가 된다.

- 동사 사용

학습자들은 동사의 그룹별 분류, 각 그룹의 서로 다른 동사 변화규칙, 3군 동사의 불규칙 변화를 이해하고 제대로 숙지하는 데 어려움을 겪는다. 또 규칙을 알더라도 실제 문장 생성에 잘 적용하지 못하여 오류가 빈번하다. 이 때문에 사용빈도가 높은 'être'와 'avoir' 동사 변화의 활용에서도 오류를 일으키는 학습자들이 많다. 특히 (65)에서 보는 바와 같이 학습 초기에는 형태적 유사성 때문에 서로 다른 세 동사의 3인칭 복수형 'sont'과 'ont', 'vont'의 혼동이 많이 발견된다.

(65) Ils ont/vont dans la chambre. ← Ils sont dans la chambre.

또 1군 동사 가운데 'commencer', 'manger', 'préférer' 등의 동사에서도 오류가 많다. 그중에서도 'préférer'는 활용 시 악상의 변화를 동반하므로 (66)과 같은 오류가 빈번하다.

(66) Je préfére la mer à la montagne. ← Je préfère la mer à la montagne.

(67)은 동사 사용에서 영어의 규칙을 적용한 데 따른 오류이다.

(67) Je suis 16 ans. ← J'ai 16 ans.

프랑스어 학습자들은 프랑스어의 규칙이 영어와 동일하리라는 선입견을 가지고 있는 경우가 많다. 따라서 나이를 말하는 문장에서 흔히 'avoir'가 아닌 'être' 동사를 사용하려는 경향을 보인다. 이는 교사의 설명이 불충분해서가 아니라 단지 영어 규칙의 전이 때문으로 보인다. 이와 같은 사례는 영어를 모국어로 하는 프랑스어 학습자들에게서도 발견된 바 있다.[71] 영어의 전이에 따른 오류가 한국인 학습자들에게서도 발견된다는 사실을 통하여 반드시 모국어가 아니더라도 선행 학습된 언어의 규칙이 다른 언어의 학습에 영향을 준다는 사실을 확인할 수 있다.

동사 사용이 잘못된 다른 예를 살펴보자.

(68) J'ai allé au musée. ← Je suis allé au musée.

---

71) Selinker(1975:144)는 하나의 예로 다음과 같은 문장을 제시하고 있다. 예) Il est trois ans.(He's three years old.) ← Il a trois ans.

(68)과 같은 오류는 초급 학습자들에게서 빈번하게 발생하는데, 이는 한국어에 이와 같은 동사 사용이 없는 데다 영어에도 이러한 규칙이 없기는 마찬가지여서 학습자에게 생소하고 이해하기 어려운 사항으로 느껴지기 때문이다. 움직임, 이동을 나타내는 동사를 복합과거 시제로 활용할 때 조동사는 être를 사용한다는 사실을 인지하고 필요할 때 그와 같은 사용을 할 수 있어야 한다.

- 접속사 사용

et나 mais와 같은 접속사는 이해하기 쉽고 사용도 비교적 쉬운 데 반해 parce que의 사용은 상대적으로 어렵고 오류도 많다.

> (69) Je suis allé à la bibliothèque. Parce qu'il y a des examens.
> ← Je suis allé à la bibliothèque parce qu'il y a des examens.

(69)의 오류는 한국어의 영향에 기인하는 것으로 발생한 오류이다. 'parce que'는 '왜냐하면'과 같이 인식되는데 한국어에서 이 말은 앞 문장이 완전히 종료된 다음 시작되는 새로운 문장의 첫머리에 사용되기 때문이다. '도서관에 가. 왜냐하면 시험이 있거든' 이렇게 해석되기 때문에 접속사 'parce que'를 사용해 새로운 문장을 생성하는 오류를 범한다. 프랑스에서 'parce que'는 전체 문장에 종속되는 절로 결과를 말해주는 앞부분과 바로 연결해 한 문장 내에서 사용되어야 한다.

- 문장 성분의 누락 및 대치

(70)은 'Qu'est'에서 소리 나지 않은 마지막 자음군 'st'를 [s] 소리 나

는 것으로 생각함에 따라 주어 'ce'를 누락시킨 경우이다.

(70) Qu'est que c'est? ← Qu'est-ce que c'est?

길이에 비해서 소리 나지 않는 철자들이 많아 고등학교 학습자들
이 어려움을 가장 많이 느끼는 예 중 하나라고 할 수 있다. 'q' 다음에
서 소리 나지 않는 'u', 단어 끝에서 묵음이 되는 'e' 모두 소리가 나지
않아 오류 발생의 요인이 되며 'est'와 'ce' 사이의 '-'도 어려움의 한 요
소이다. 따라서 'qu'est-ce que'라는 표현을 소리로 인지하고 의미를 아
는 학습자들도 그것을 철자화할 때에는 틀리는 경우가 많다. 이처럼
학습 초기에 학습자들 대부분은 소리 나지 않는 철자가 많은 문장의
경우 읽기와 쓰기에서 모두 어려움을 느끼는 것을 알 수 있다.
　학습자들은 문장의 구조 및 구성 성분에 대해서 잘 몰라 중요한 요
소를 누락시키기도 하는데 (71)과 (72)는 모두 동사를 누락시키고 있
는 경우이다. 목표어에 대한 지식이 부족한 상태에서 자신이 들은 소
리에 충실하게 문장을 생성하고자 하였지만 결국 올바른 문장을 만
들어내는 데 실패한 경우이다.

(71) A qui Ø la cassette? ← A qui est la cassette?
(72) A qui elle voiture? ← A qui est la voiture?

(73)과 (74)의 예는 앞과 유사한 경우로 듣기에 충실하여 문장을 생
성하고자 하였지만, 발음이 같으나 철자와 의미가 다른 단어나 단어
군을 잘못 사용하여 일으킨 형태·통사적 오류의 예이다.

(73) A qui et le livre? ← A qui est le livre?

(74) A qui elle crayon? ← A qui est le crayon?

소리 나지 않는 마지막 자음으로 인하여 발음이 같아지는 두 단어 'et'와 'est', 또 'elle'와 'est le'를 구분하지 못하여 발생한 오류이다. 듣고 쓰는 과정에서 나타난 오류로 전체 문장의 구조와 구성 성분에 대한 이해 부족으로 발생한 오류라 볼 수 있다. 결국, 소리에 충실하여 이러한 문장을 쓴 학습자는 비문법적인 의미 없는 문장을 만들어냈지만, 소리를 충실히 따라 발화하는 경우 정확한 형태는 모르는데도 불구하고 의미전달이 이루어지는 재미있는 상황이 발생할 수 있다. (71)~(74)는 모두 한국인 학습자들이 문장 내에서 동사 'est'의 사용과 관련한 문제점을 가지고 있음을 보여주는데, 'est/et' 그리고 'elle/est le'의 혼동은 듣기에서 어느 정도의 진전을 이룬 학습자도 여전히 형태·통사적인 문제점을 가지고 있음을 드러내는 것이다.

4) 의미론적 오류

외국어 학습 초기의 학습자들은 목표 언어의 어휘를 사용할 때 그것에 상응하는 모국어 어휘의 의미를 생각하며 목표어의 어휘를 사용함으로써 오류를 일으킨다. 예를 들어, 한국어의 '사람'에 해당하는 프랑스어의 어휘는 'on', 'personne', 'gens', 'monde' 등 여러 가지가 있는데 이때 어휘의 잘못된 선택으로 다음과 같은 오류가 나타나게 된다.

(75) Il y a beaucoup d'hommes. ← Il y a beaucoup de monde.

(76) Les hommes disent… ← On dit……

(75)는 '사람들이 많다'라는 의미로 'monde' 대신 'homme'를 사용한 경우이다. (76) '사람들이 ~라고 한다'라는 문장에서는 'on'을 사용하는 것이 더 타당한데 학습자들은 대부분 'homme'를 사용하려는 경향을 보였다.

(77)은 한국인 학습자들이 시각을 나타내는 'heure'를 한국어에서의 시간, 즉 시간적 여유(du temps)로 생각함으로써 일으키는 오류이다.

(77) <u>Vous avez l'heure</u>? ← <u>Vous êtes libre</u>?

(78)은 한국어로 동일하게 해석되는 두 단어 사이의 의미적인 차이를 구별하지 못해서 발생하는 오류라고 할 수 있다. 프랑스어의 'entendre'와 'écouter'는 둘 다 우리말로 '듣다'라고 해석된다. 따라서 학습자들은 의식이 배제된 상태에서 '들려오는 것을 듣는다'를 의미하는 'entendre'와 '무엇인가를 의식적으로 듣는다'는 의미의 'écouter'를 잘 구별하지 못한다.

(78) Je vous <u>entends</u>. ← Je vous <u>écoute</u>.

이와 유사한 예로는 (79)에서 보는 바와 같이 'savoir'와 'connaître'가 있다.

(79) Je <u>sais</u> Marie. Elle est mon amie. ← Je <u>connaîs</u> Marie. Elle est mon amie.

이 두 단어는 모두 한국어로 '알다'라고 해석되는 단어이다. '존재

자체를 안다'는 의미의 'savoir'와 '서로 알고 그 존재에 대해 비교적 잘 안다'는 의미의 'connaître'는 한국어로는 의미의 차이가 드러나지 않으므로 의미를 구별하지 못하여 혼용이 생긴다.

같은 경우로 (80)의 'chercher'와 'trouver'가 있다.

(80) Je <u>trouve</u> mon livre. ← Je <u>cherche</u> mon livre.

'chercher'는 '찾고 있다'는 의미로 아직 찾지는 못한 상태를 의미하고 'trouver'는 찾아낸 것을 의미하는데, 두 단어 모두 한국어로 '찾다'라고 해석됨으로 인해서 혼용에 따른 오류가 발생한다.[72]

(81)과 같이 한국인 학습자들은 외래어화한 프랑스어 단어의 친숙한 의미를 그대로 사용함으로써 오류를 일으키는 경우도 있다.

(81) Je vais regarder <u>un cinéma</u> avec mon ami. ← Je vais
     regarder <u>un film</u> avec mon ami.

이것은 학습자들이 친숙한 'un cinéma'라는 단어를 '영화'와 바로 연결해버리는 것을 보여주는 예이다.

(82)와 (83)은 영어 단어의 의미를 적용하여 단어를 잘못 이해하는 예이다.

---

72) 한국어의 '찾다'가 프랑스어로 chercher와 trouver로 나뉨으로 인해, 반대로 프랑스인이 한국어를 학습할 때 '찾다'의 사용과 관련한 어려움을 겪는다는 사실이 발견되었다. 또 영어를 모국어로 하는 프랑스어 학습자의 경우도 모국어의 의미를 그대로 프랑스어에 전이하려는 경향을 보이는데 Selinker(1975:144)는 다음과 같은 예를 제시하고 있다. 학습자가 regarder는 영어의 look의 일차적 의미인 '보다'만을 갖는다는 사실을 잘 몰라 '~해 보인다'의 경우까지 확장해 사용한 경우이다. 예) Ça <u>regarde</u> très drôle.(Il looks very funny.) ← Ça <u>semble</u> très drôle.

(82) J'ai <u>une classe</u>. ← J'ai <u>un cours</u>.

(83) J'étudie à <u>la librairie</u> tous les jours. ← J'étudie à <u>la bibliothèque</u> tous les jours.

영어 사용에서 '나는 수업이 있어'라는 문장을 생성할 때 주로 'class' 라는 단어를 사용하게 되기 때문에 (82)에서와 같이 학습자들은 'cours' 를 사용해야 하는 경우에도 자주 'classe'를 사용한다.73) 이러한 단어의 대치 오류는 도서관이라는 단어를 사용할 때에도 빈번한데, (83)과 같은 예는 영어의 'library'를 곧바로 'librairie'의 의미로 받아들임으로써 발생한 오류이다. 'library'는 우리말로 도서관, 즉 도서를 모아두고 사람들이 와서 볼 수 있게 해놓은 시설의 의미이다. 그러나 발음상 비슷한 프랑스어의 'librairie'는 책을 파는 곳이므로 영어의 'library'는 프랑스어의 'bibliothèque'와 같아지는데 학습자들은 이와 같은 사실을 잘 알지 못한다. 이러한 예는 영어와 프랑스어의 관련 어휘 사이에서 혼동을 일으킴에 따라 발생한 어휘 오류의 예라고 할 수 있다.

지금까지 논의한 여러 가지 오류들 외에 발생하는 오류는 주로 대화 상황의 사회문화적 맥락을 잘 알지 못해서 발생하는 경우, 즉 문화적 이해의 부족에서 기인하는 오류이다. 이는 서로 인사하기나 소개하기74)와 같은 짧은 문장을 이용한 대화 혹은 역할극을 수행하는 과정에서 주로 발견된다. 텍스트 읽기에서 사회문화적 맥락을 알지 못하는 경우는 문장의 이해 자체가 제대로 되지 않기 때문에 오류로 측정하기가 어렵다.

---

73) 이 문장의 경우 'classe'란 단어를 사용하고 싶다면 'J'ai classe.'와 같이 문장을 생성해야 한다.

74) 하나의 예가 'Comment allez-vous?'와 'Tu vas comment?'를 각각 상황에 맞게 사용하는 것이다.

5. 오류 분석

지금까지 프랑스어 학습자의 오류 유형 분석을 통하여 이들이 어떤 방식으로 문장을 생성하며 어떤 오류들을 범하게 되는지 알아보았다. 앞서 언급한 바대로 여기에 제시된 오류의 예가 초급 학습자들의 오류 전체를 보여주는 것은 아니다. 일정 기간 내에 저자의 경험에서 수집된 예들이기 때문이다. 따라서 각 오류가 문장 생성과 의미 전달에 미치는 영향 그리고 교정의 수월성을 기준으로 학습의 어려움을 생각해 보고 교수·학습 과정에서 참고해야 한다.

원인에 따른 분석

먼저 학습자의 오류를 원인별로 분석해 보고 이에 따라 교수·학습 상황은 어떻게 달라져야 하는지 논의해 보도록 하겠다.

앞서 언급하였듯이 많은 경우 오류의 원인은 한 가지로만 단정할 수 있는 것은 아니다. 따라서 여러 가지 원인이 복합적으로 작용한 오류들은 다음과 같은 기준에 따라 그 원인을 분류하였다.

오류의 원인을 한 가지로만 볼 수 없는 오류, 예를 들어 프랑스어의 (75)~(80)과 같이 'homme/monde/on'을 구별하지 못하는 것, 'heure(시각)'를 한국어에서의 의미와 같이 시간으로 받아들이는 것, 'entendre'와 'écouter'를 구별하지 못하는 것 등은 원인이 그에 상응하는 한국어 단어들의 의미적 분화가 명확하지 않은 데서 기인한다고 보았을 때에는 한국어의 간섭에 의한 오류라고 볼 수 있다. 그러나 프랑스어 능력부족에 기인한다고 보았을 때에는 언어 내 전이 오류로 볼 수 있으며, 교사의 설명이 부족하였거나 설명이 적절하게 이루어지지 않은 것이 주된 원인이라고 보았을 때에는 학습환경이 원인이 된 오류라고 볼 수 있다. 그러나 앞서 논의한 바와 같이 이 경우는 주로 한국어에 상응하는 적절한 단어가 없어 발생한다고 보고 학습 초기에 발생하는 모국어의 간섭으로 분류하였다.

오류 항목들을 원인별로 분류해 보면 다음과 같다.

① 언어 내 전이(프랑스어 능력 부족)
(1)~(5), (7), (9)~(28), (44)~(47), (57)~(62), (64)~(66), (68), (70)~(73)
: 총 45개

② 영어의 간섭
(29)~(41), (48)~(54), (63), (67), (81)~(83): 총 25개

③ 모국어의 간섭
(6), (42), (43), (55), (56), (69), (75)~(80): 총 12개

④ 학습환경
(8): 총 1개

학습자 오류는 목표어를 잘 몰라서 일어나는 언어능력 부족으로 인한 오류가 가장 많고, 다음으로 영어의 간섭에 의한 오류, 모국어 간섭에 의한 오류, 학습환경에 의한 오류 순으로 많은 것으로 나타났다. 프랑스어는 한국어와 차이가 커서 프랑스어 학습에 한국어의 긍정적인 전이가 어렵지만, 상대적으로 간섭도 적다. 그러나 같은 알파벳을 사용하며 비슷한 어휘를 공유하는 영어는 학습 과정에서 많은 간섭을 일으키는 것으로 보인다. 한국어는 발음, 통사, 의미적 오류의

원인이 되었으며, 영어는 주로 발음과 철자 오류의 원인으로 작용하였고 일부 의미적 오류와 통사적 오류의 원인이 되기도 하였다.

프랑스어 학습에서의 오류 원인을 언어 내 전이와 모국어의 간섭, 영어의 간섭, 학습환경으로 나누어 보았을 때 언어별 오류원인은 다음과 같이 분류되었다.

<표 21> 원인에 따른 오류 분류

분류	언어 내 전이 (언어능력 오류)	모국어 간섭	영어의 간섭	학습환경	합계
오류빈도	45	12	25	1	83
오류비율	54%	14%	31%	1%	100%

오류분석 이론의 한계로 지적된 바와 같이 밝혀진 오류만을 가지고 학습자가 학습한 규칙의 불완전성이나 오류의 심각성을 밝히기는 어렵다. 그러나 위의 분석 결과는 프랑스어 학습에서 다음과 같은 사항을 의미한다.

첫째, 오류 분석 결과에 의하면 프랑스어에서는 언어능력 자체가 가장 큰 오류의 원인이 되는데, 이는 모국어의 언어적·문화적 사실로부터 빌려올 수 있는 언어사용 모델이 거의 없기 때문이다. 모국어 간섭에 의한 오류도 있는 것으로 보아 모국어 체계는 주로 학습을 방해하는 요인으로 작용하므로 발음이나 문법 규칙을 듣고 인지하는데도 상당한 어려움이 따르는 것으로 판단할 수 있다.

둘째, 초기 학습 단계의 프랑스어 학습자들은 영어를 언어 사용의 모델로 하기도 어려운데, 영어의 학습 정도가 모국어 사용과 같은 수준에 이르러 있지 않으므로 영어가 프랑스어 학습에 미칠 수 있는 긍정적 전이는 매우 제한적일 수밖에 없기 때문이다. 영어의 긍정적인 전이는 유래와 사용이 같은 일부 어휘의 이해나 통사구조에서만 일어나며, 오히려 서로 다른 발음·철자·통사구조에서는 간섭으로 인한 학습의 어려움이 발생한다. 따라서 초급 프랑스어 학습자들은 모국어의 규칙을 차용해 올 수 있는 일본어에서보다 더 많은 학습 시간이 필요하게 된다.

이상의 논의를 종합해 보면, 오류 분석 이론이 주장하고 있는 바와 같이 초기 외국어 학습에서는 이미 학습된 모국어나 외국어의 영향이 매우 큰데, 이는 프랑스어와 상대적으로 유사한 영어의 간섭이 많다는 사실로 알 수 있다. 선행 학습된 외국어의 영향은 일정 학습 단계에 이르면 완전히 사라지지는 않지만, 점차 줄어들게 된다. 외국어 학습 초기에 발음 및 철자, 어휘 관련 오류[75]에 모국어 혹은 영어의 간섭이 많았지만, 학습이 진전됨에 따라 목표어 능력 부족으로 인한 형태 통사적 오류, 화용적 오류 예가 더 많아진다. 그러므로 학습 초기에는 이미 알고 있는 언어의 전이 및 간섭이 학습에 매우 큰 영향을 미친다는 사실을 염두에 두어야만 더 효과적인 교수·학습이 이루어질 수 있다.

결과에 따른 분석

제시한 프랑스어 오류 예 83건을 오류 결과에 따라 분류하면 다음과 같다.

---

75) 언어학습 초기에는 발음과 철자, 어휘 학습이 많은 부분을 차지한다.

<표 22> 결과에 따른 오류 분류

분류	발음 오류	철자, 어휘 오류	형태 통사적 오류	의미적 오류	화용적 오류	합계
오류빈도	28	14	29	11	1	83
오류비율	35%	17%	35%	12%	1%	100%

오류를 분석하는 과정에서 초보 단계의 한국 학습자들에게 다음과 같은 특징이 있음을 알 수 있었다.

첫째, 발음·철자상의 오류, 어휘·문법 수준의 오류, 즉 의미보다는 형태에 관련된 오류가 많다.

둘째, 학습이 진전됨에 따라 발음·철자상의 오류는 점차 교정되지만, 완전히 교정되지는 않고 부적절한 어휘 사용이나 문법적인 실수는 여전히 잦다.

셋째, 알고 있는 어휘와 문법 요소를 활용해 정확한 문장을 만들었으나 문법적으로만 정확하고 의미 있는, 이해가 가능한 문장을 생산해 내지 못하는 경우가 있다. 이러한 현상은 하나의 문장일 때보다 문장과 문장이 연결될 때 더 심하고, 또 실제 대화를 가정한 텍스트를 만들 때 더 두드러지게 나타난다.

넷째, 목표어로 바로 생각하지 않고 한국어로 먼저 쓰거나 생각하고 목표어로 옮기려는 경향이 있다. 이 때문에 의사소통을 위한 문장 생성이 '번역'과 작문' 작업이 되고 만다.

전체 오류를 형태·통사적 구조에 관련된 부분적 오류와 의사소통을 방해하는 전체적 오류로 나누어 보았을 때 구조에 관한 오류가 더 많았다는 것은 학습자들의 학습이 의미보다는 구조에 머물러 있으며 형태에 관한 학습이 완전히 이루어지지 않아 여전히 학습이 더 필요하다는 사실을 의미한다. 그러나 구조와 관련된 부분적 오류가 교정이 비교적 쉬운 데 반해, 사회언어학적·사회문화적 맥락을 잘 모름으로 인하여 발생하는 의미의 이해나 전달에 관련된 오류는 전체적 오류의 성격을 띠게 되며 교정이 어려운데, 이와 관련하여서는 문화 교육의 필요성이 대두된다.[76]

오류를 전체적으로 보면 발음상의 오류와 형태 통사적 오류가 비슷한 수준으로 가장 많고, 다음으로는 철자, 어휘상의 오류가 많다. 프랑스어 학습자들에게는 발음과 문법이 매우 어려운 학습 요소라는 사실을 알 수 있다. 철자, 어휘상의 오류가 다른 두 오류에 비해서 적은 것은 학습자의 오류가 절대적으로 적어서라기보다는 수업 중 쓰기 활동이 많지 않고 학교 시험의 서술형 문제도 단답식 형태가 많아 수집된 오류 예가 적기 때문으로 보인다. 따라서 프랑스어 학습에서는 발음, 철자 및 어휘, 형태 통사적 부분이 모두 문제가 된다고 할 수 있는데, 특히 발음상의 오류가 가장 많다는 사실은 학습자 요구분석에서도 나타나듯이 발음 교육에 대한 학습자들의 요구가 높다는 사실과 연관성을 가지는 결과로 발음의 정확성보다는 의미전달에 치중하고자 하는 제7차 교육과정의 이념은 재고될 필요가 있음을 보여주는 결과이다. 오류가 포함된 발음은 교수와 학습, 평가 과정에서 일정 정도 수용할 수는 있지만, 발음 교육이 지나치게 소홀히 되는 것은 경계해야 할 것이다.

프랑스어의 경우, 기본적인 발음과 어휘 학습만으로는 의미가 있는 문장 생성 수준으로 나아가기가 어려운데 말할 기회도 많지 않아

---

76) 학습자들은 목표어와 목표어 문화라는 의미 범주 안에서 이해하고 생산하여야 한다. 그러나 불가피하게 최초 언어와 문화로 구조화된 고유의 경험과 선입견으로 이해하고 생산한다(Besse, 1982:17 참조).

화용적 오류는 거의 발견되지 않는다. 실제 상황과 유사한 상황에서 발화할 기회가 거의 없거나 적은 경우 화용적 오류는 많이 발견되지 않기 때문이다.

이러한 결과를 바탕으로 볼 때 학습자들에게 더 강화해야 할 언어적 학습 요소는 다음과 같다.

<표 23> 더 강화해야 할 학습 요소[77]

발음	○
철자 및 어휘	
문장구조	○
의사소통 기능	
문화	△

프랑스어 학습자에게는 발음과 문법에 대한 학습이 더 필요하다. 결국, 오류 분석을 통해서도 고등학교의 학습은 발음·철자·어휘·문법과 같은 언어적 요소들을 중심으로 이루어져야 하며 의사소통 기능의 숙달에 가장 많은 시간을 할애할 수는 없다는 사실을 알 수 있다. 고등학교 학습자들은 목표어에 대해서 거의 모르는 상태에 있기 때문에 외래어의 듣기와 같은 예외를 제외한 대부분의 경우 듣기에서 잘못 듣는 내용은 말하기나 쓰기에서도 오류를 범하는 경향을 보였다. 또 거의 정확하게 듣거나 말할 수 있는 문장도 쓰기에서 어려움을 느끼는 경우가 많아 배워서 알고 있는 내용에 한해서는 언어네 기능 중 쓰기에서 가장 어려움을 느끼는 것으로 나타났다. 그런데

---

77) 더 강화해야 할 학습 요소는 ○로 표시하고, 분석결과에서 주요 학습 요소로 나타나지는 않았으나 언어학습에 동반되는 필수 요소로서 학습자들의 학습 동기와 흥미를 불러일으킨다는 점에서 학습이 필요하다고 생각되어 문화에 △로 표시하였다.

프랑스어 학습자들에게는 읽기가 상대적으로 쉬워 보이므로 제한된 시간 내에 언어 네 기능을 고루 함양하려는 무리한 시도보다는 학습자들이 습득하기 쉬운 기능을 주로 함양하려는 노력이 이루어져야 할 것으로 보인다.

일반적으로 오류에 관한 연구는 학습자의 언어 체계에 대한 관심으로 개인과 개인 사이에 이루어지는 의사소통을 중심으로 이루어지게 되므로 담화나 상호작용, 화용적 관점, 의미의 타협과 같은 문제에 초점을 두게 된다. 그런데 오류분석 과정에서 살펴본 결과, 교실 상황에서의 상호작용은 개인과 개인 간에 일어나기보다는 학습자와 주된 학습재료인 교과서와 같은 텍스트 사이에서 일어나는 상호작용이며 또 수집된 학습자 언어는 말하기보다는 주로 읽기나 쓰기를 통하여 구현된 것이다. 따라서 학습자들의 언어사용은 대화자 간에 이루어지는 의미의 타협이 아니라 '이해 활동' 혹은 '읽기나 쓰기 연습'이라고 보는 것이 옳을 것이다. 학습자들의 언어 수준이 낮고 교실 내에서 학습자들 간에 유의미한 상호작용이 이루어지지 않으며 사회 내에서도 언어 사용 기회가 거의 없어서 이들의 언어를 의사소통의 관점에 바라보기는 매우 힘든 측면이 있다. 이것은 화용적 오류가 거의 발견되지 않은 사실과도 무관하지 않다고 생각된다. 현재 학습자들은 기초적 수준의 언어 능력을 습득하는 단계에서 맥락이 거의 없는 의사소통 능력을 함양하고자 노력하고 있는 것으로 보인다. 의사소통 상황과 맥락이 있을 때 학습자들은 능동적으로 의미를 협상하고 대화 상대자와의 상호작용이나 상황이 주는 단서를 이용하여 의사소통 능력을 기를 수 있지만, 현실은 그렇지 못하기 때문이다(Cummins, 2000

참조).78)

학습자들의 언어수행 능력은 일부 예외적인 경우79)를 제외한다면 거의 제로 상태라고 보아도 무방하다. 학습자들의 언어는 상호작용을 통해 구현되지 않으므로 엄밀히 말해 오류를 포함하였으나 나름대로 규칙을 가지는 중간언어로 지칭하기에도 무리가 있다. 의미가 있는 문장과 텍스트를 구성하는 데 실패하는 것은 언어능력의 한계도 있지만, 한편으로는 목표어를 구사하는 원어민과 문장을 구성하고 대화하는 데 있어서 방식의 차이, 즉 정신구조(mentalité)80)의 다름에 기인하는 것으로 보인다. 학습자들이 단일 언어와 단일 문화 환경 속에서 성장하여 다른 언어로 문장을 구성하는 습관이 형성되어 있지 않기 때문이다(Takagaki, 2000:85 참조).81) 한국 학습자들은 한국어의 텍스트 구성 논리에 의존하며 이를 모델로 텍스트를 구성하고 대화하려고 하는데, 이는 특히 프랑스어의 의사소통을 어렵게 하며 이 어려움을 극복하는 데는 많은 시간과 노력이 필요할 것으로 생각된다.

학습 초기 단계에서 모국어의 전이로 인한 학습의 용이성을 기대할 수 없는 프랑스어 학습에서는 언어의 상이함과 문화적 거리, 사고

---

78) 맥락이 있는 집단은 의사소통에 있어서 참여자들이 능동적으로 의미를 협상하며 상호작용과 상황을 통해 단서를 얻을 수 있는 것에 반해, 맥락이 없는 집단은 언어적 단서와 언어 그 자체의 지식에 의존한다(http://www.iteachilearn.com/cummins/converacademlangdisti.html 참조).

79) 예를 들어, 프랑스 거주 경험이 있는 프랑스어 학습자나 DELF, DALF 자격증 소지자가 이에 속할 것이다. 그러나 오류조사 대상 가운데 이러한 학습자는 한 명도 없었다.

80) 한 예로 앞서 언급한 바 있는 각 언어 화자들의 글쓰기, 즉 문장 생성 방식을 들 수 있다. 문장 생성에 나타나는 논리적 연결구조가 서로 다른 특성을 가진다는 것은 각각의 담화 역시 서로 다른 구조를 가졌다는 것을 의미한다. 또 인사, 요구, 사과 등의 표현방식과 그 밖의 언어 사용에 동반되는 비언어적 요소들은 언어마다 서로 매우 다를 수 있는데, 이는 각 개인이 가지고 있는 인지적, 정의적 특성이 다른 것처럼 각 사회 구성원들에게 약속된 언어 사용 방식 및 이해 범위 또한 서로 다르다는 것을 의미한다. 정신구조란 각 언어 화자들이 공유한 논리구조, 사고나 담화의 방식, 비언어적 요소, 이 모든 것을 의미한다고 할 수 있다.

81) Takagaki 역시 일본 프랑스어 학습자들에 관한 연구에서 학습자들이 근본적으로 단일 언어 및 단일 문화 환경에서 성장하여 프랑스어 작문이 어렵고 번역에 의존하려는 경향이 있기 때문에 학습자들이 전혀 프랑스어 같지 않은 텍스트를 만들어낸다고 주장한다.

체계의 이질성 등으로 인한 어려움이 커서 의사소통 능력을 배양하는 것은 물론 언어적 요소의 습득에도 일본어에서보다 더 많은 시간을 필요로 한다는 점도 상기할 필요가 있다.

이상의 논의를 종합해 보았을 때 언어 네 기능의 고른 배양이나 의사소통 기능의 숙달과 같은 종합적인 능력만을 요구하는 것은 현 상황의 학습자들에게는 과도한 부담이며 불가능한 일이라는 것을 알 수 있다.[82) 언어 및 사고 체계의 상이함으로 인하여 목표어 습득이 어려운데 교육목표를 의사소통 능력 향상에 두다 보니 언어의 기본적인 요소들에 대한 학습이 소홀히 되어 언어적 능력마저도 제대로 갖추지 못하게 되기 때문이다. 따라서 현시점에서는 학습자들이 습득해야 할 의사소통 능력을 아주 제한적으로 한정할 필요가 있다. 예를 들어, Canale & Swain의 네 가지 의사소통 능력 가운데 언어적 능력 습득을 주요 학습 목표로 결정하고 매우 초보적인 수준의 담화능력을 기르도록 해야 할 것이다. 또 완벽하지는 않다고 하더라도 학습자들의 부분적인 언어능력(듣기, 말하기, 읽기, 쓰기 중 하나 혹은 두 가지 기능)에 주목하고 이를 향상시키려는 노력을 할 필요가 있다. 프랑스어 학습 과정에서 학습자들이 느끼는 어려움은 다른 언어와 다르고 구어로의 진행 과정과 속도 또한 다르므로 교수·학습 과정에서 강조해야 할 언어기능과 언어 요소도 달라져야 한다.

---

82) 더구나 위에 제시한 오류의 예들이 학습자 대부분이 이러한 문장을 생성하는 수준에 이르렀음을 말해 주는 것은 아니다. 제시된 예는 외국어 학습에 관심이 있고 수업에 적극적으로 참여하는 중·상위 학습자들이 생성한 문장이다. 경험적으로 보았을 때 절반 이상의 학습자들이 어떠한 문장도 생성할 수 없는 수준에 있는데 이러한 사항을 고려한다면 현재 교육목표가 너무 높게 설정되어 있다는 사실이 더욱 명확해진다.

제5부

행위 중심
교수·학습 모델

현재 고등학교 프랑스어 교수·학습 과정의 문제는 현실을 고려하지 않고 AC의 이념을 부분 적용하려는 데 있으므로 제기된 문제들을 해결하기 위해서는 우리의 교육상황과 프랑스어의 특성을 함께 고려하는 학교 고유의 교수·학습 방안을 정립해야 할 것이다.

AC가 한국의 외국어 교육에 적용된 지 이미 20여 년이 되었고, 학습자와 교사들을 대상으로 한 설문조사에서 밝혀진 바와 같이 AC의 장점 또한 부정할 수 없으며, '의사소통 능력의 함양'은 학습자 모두가 공감하는 외국어 교육의 대전제이다. 그러므로 교실 수업 적용에 많은 문제점이 있음에도 불구하고 AC를 전적으로 부정하는 것은 불가능하다. 그리고 문제가 많다고 해서 AC 이전의 전통적 방법론이나 구조주의에 입각한 교육과정으로 회귀하는 것도 바람직하지 못하다. 따라서 본 연구에서는 AC의 문제점을 보완하는 패러다임으로서 유럽연합이 제시하고 있는 CECR를 교수이론으로 발전시킨, 최근 외국어 교육이론으로 연구되고 있는 행위 중심 관점에 의해 고등학교 프랑스어 I 을 위한 새로운 교수·학습 모델을 제시해 보고자 한다.

1. CECR의 의미

2001년 발간된 CECR는 유럽 평의회를 중심으로 1991년부터 40여 개 국가의 외국어 전문가들이 참여하여 연구한 결과로서 언어 교수·학습·평가를 위한 공통 참조기준이다. 원래 이 기준은 통합 유럽의 다중언어 사용자들을 위하여 만들어진 것이지만 언어 및 문화 능력의 다양성을 인정하는 유연성을 특징으로 하므로 그 사용 폭을 넓혀 볼 수 있다. CECR가 가장 기초 단계에서부터 모국어 수준에 가까운 언어 수준까지 폭넓은 언어 숙달 단계를 포괄하고 있으며 각 단계의 개별 학습자가 어떤 언어로 의사소통하기 위해서 학습해야 할 지식과 능력을 상세히 기술하고 있다는 점은, 이 기준이 우리나라 고등학교 학습자들에게도 적용될 수 있으리라는 사실을 시사하는데,[83] 특히 다음과 같은 측면에서 현행 교육과정이 기초하고 있는 AC의 한계점을 보완할 해결책이 될 것으로 생각한다.

첫째, AC가 원어민과 같은 언어능력의 습득을 목표로 동질언어 상황에서 지금 당장 해당 언어를 필요로 하는 성인 학습자를 대상으로 연구된 이론인 반면, CECR는 동질언어 혹은 이질언어 상황에서 외국어를 학습하는, 다양한 학습 동기를 가진 다양한 연령층의 학습자를 대상으로 하는 교수·학습·평가 참조기준으로 '원어민과 같은 유창성'을 요구하기보다는 제한적인 언어지식이 요구되는 경우(예를 들어, 말하기는 필요 없지만, 언어의 이해가 요구되는 경우 해당 언어의

---

[83] AC는 특별히 준초보자(faux débutant)에게 관심을 기울이는 것이었다. 많은 요구자가 직업적 사회적 관계 속에서 자연스럽게 혹은 학교에서 제도적으로 자신들이 배우고자 하는 언어와 이미 접촉하고 있다는 것을 전제하기 때문이다(Galisson, 1980:11). 따라서 CECR가 가장 초보 수준까지도 고려한다는 점은 우리 외국어 교육에 상당히 부응하는 측면이라고 할 수 있다.

음성학적 구조, 어휘와 문장에 관한 지식만을 요구하는 경우 등)와 언어를 배울 시간이 한정된 경우에 개인적으로 충족할 수 있는 부분 능력에 대해서도 고려하고 있다.[84) 또 CECR에 의하면 학습시간뿐만 아니라 교수자, 학습자, 교수 도구의 상황에 따라 학습할 내용이나 학습 방법, 교수법이 달라질 수 있다. 따라서 CECR는 우리나라 프랑스어 교육내용 결정을 위한 지침이 될 수 있다.[85)

둘째, AC가 일대일 대면 접촉에서의 상호작용(interaction)을 전제하고 이를 위한 의사소통 기능의 습득을 강조한 반면, CECR는 언화행위(actes de parole)가 언어활동(activité langagière) 안에서 구현되는 것으로 보고 이것이 사회적 맥락의 행위 안에서 실천될 때 의미가 있게 된다는 사실을 강조한다. 이것은 단순히 언어적 발화에 초점을 두지 않고 언어의 사용에 주목하여 가장 간단한 언어사용과 이해(예를 들어, 어휘 수준의 발화 및 이해)만으로도 언어활동의 목표를 달성할 수 있다는 사실을 강조하므로 구어 의사소통의 목적을 달성하기 어려운 초급 학습자들에게 유효한 교육 지침이 될 수 있다.

셋째, CECR는 서로 다른 언어를 사용하는 유럽 각국의 언어를 존중하고 각 언어 간에 서로 공통된 교수·학습·평가 기준을 제시하여 다른 환경에서 다른 언어를 학습하는 학습자의 언어 수준을 동등하게 측정하고 평가할 수 있는 참조기준이다. 따라서 우리나라 학습자의 능력 수준을 같은 기준으로 비교할 수 있는 참조기준이 될 수 있다.

---

84) 이는 *CECR* (2001:111-112)에 개별적 접근(Approches particulières)이라는 용어로 명기되고 있다.
85) '모국어 능력의 차이와 모국어와 프랑스어와의 관계성에 의해서 학습자가 들여야 할 노력과 시간에서 근본적으로 다른 습득과정이 결정된다(Ces grands inégalités de la compétence linguistique dans les langues maternelles, et le rapport de ces dernières au français, déterminent des parcours d'acquisition radicalement différents dans leur durée comme dans l'effort à fournir par les apprenants).'(Beacco et al, 2005:23)

넷째, CECR는 다중 언어주의(plurilingue) 개념을 채택하며 한 인간의 언어적 경험이 가정에서 사용하는 언어로부터 사회 전체의 언어를 거쳐 다른 민족의 언어에 이르기까지 자신의 문화적 맥락 속에서 확장되어야 한다는 점을 강조한다.[86] 따라서 상호 이해와 관용, 문화의 다양성에 대한 존중심을 키워주고 국제화 시대를 살아갈 수 있는 자질을 함양한다는 면에서 프랑스어를 학습하는 고등학생들에게 매우 긍정적인 영향을 줄 수 있다.

CECR는 언어 사용자와 학습자를 단순히 의사소통의 주체로 보지 않고 일정한 환경과 행위영역에서 적절하게 행동하고 그 행동의 목표를 달성하고자 하는 '사회적 행위자'로 설정한다(CECR, 2001:21). 따라서 학습자에게 요구되는 능력을 일반 능력(compétence générale)[87]과 언어적 의사소통 능력(compétence communicative langagière)[88]으로 나누고, 학습자가 언어를 사용할 때 언어적 의사소통 능력뿐만이 아니라 다양한 경험과 경험을 통해 얻은 실천 방법이나 전략 등 언어 외적 능력을 동원한다는 사실을 고려한다. 요컨대 CECR의 핵심은 외국어 교육을 단순히 의사소통이라는 틀 안에 두지 않고 '왜 의사소통을 하는가' 하는 점에 초점을 둔 것으로 파악되는데, 이와 같은 인식의 변화는 교수·학습 내용 구성과 방법의 변화를 의미한다.[89]

---

86) 다중 언어주의는 일정수의 언어에 대한 지식이나 일정한 사회 내에 있는 상이한 언어들의 공존을 의미하는 다언어주의와는 구별된다(CECR, 2001:11). 다중 언어주의는 하나 이상의 언어를 학습하고 사용하는 화자들의 내적 능력과 언어적 다양성에 대한 긍정적 수용을 의미한다.

87) 언어활동을 포함하여 모든 활동에 동원되는 인간의 능력으로 선언적 지식(Savoir-faire), 사용지식(Savoir-faire), 성향(Savoir-être), 학습능력(Savoir-apprendre)을 포함하는 능력이다(CECR, 2001:15-18, 82-86).

88) 언어적 능력, 사회 언어적 능력, 화용적 능력(CECR, 2001:86-101).

89) "화두는 '필요'이다. 여기에서 언어의 사용 즉 행위를 통하여 도달할 수 있는 목표와 학습이 유리된다면 언어 학습이 어떻게 의미를 가지겠는가라는 의문이 제기된다(On aperçoit dès lors que c'est 'le besoin de…' qui suicite la parole. A partir de là, comment concevoir que l'apprentissage d'une langue ait un sens s'il est déconnecté d'un objectif à atteindre à travers un usage de ladite langue, autrement dit à travers

언어적 의사소통보다는 이를 통한 행위목표 달성을 중시하는 CECR의 중심 이념은 행위 중심 관점(Perspective Actionelle, 이하 PA)이라고 명명된다(CECR:2001:15). 이 관점은 외국어 수업에 적용된 시간이 짧고 그것도 주로 유럽에서 실천되었으므로 교수·학습 방법론으로 정립되었다고 보기는 어려워 아직은 전망이나 조망, 관점의 입장에 머무르고 있다. 그러나 Bourguignon(2006-8)이나 Puren(2001-9)과 같은 연구자들은 이를 행위 중심 접근법(Approche actionnelle)이라는 명칭 아래 하나의 교수·학습 방법론으로서 정립하고자 노력하고 있고, 실제 그들의 연구(참고문헌)를 보면 어느 정도 성과를 거두고 있기도 하다. 그러므로 외국어 교육의 변화를 위한 새로운 시도로서 AC의 한계에 직면한 현재의 프랑스어교육 상황에 적용해 볼 수 있다고 생각된다.

이어지는 논의에서는 문제해결을 위한 방안으로 CECR(2001:30-32)가 제시하는 유동적 분지 모델(système d'arborescence souple)을 통해 우리나라 학습자들의 수준을 결정하고 수준에 맞는 교수·학습 내용을 결정해 보도록 하겠다. 유동적 분지 모델이란 학습 수준 결정에서 CECR의 유연성 있는 태도를 반영하는 것으로, 학습자 수준을 매우 초보적인 단계로까지 세분화할 가능성을 제시하므로 이를 통해 고등학교 학습자들이 도달할 수 있는 교육목표와 교수·학습 내용의 적정 수준을 결정할 수 있다. 그러면 CECR를 바탕으로 프랑스어 I 90)에

---

une 'action'(Bourguignon, 2006:58-59)." CECR의 출현은 교수·학습을 완전히 뒤집자는 것이 아니다. 언어적 소통 활동, 언어에 대한 탐구, 문화적 측면 등 행해졌던 모든 것은 여전히 존재한다 (Bourguignon, 2007, Conférence de l'APLV de Grenoble).

90) 현재 교육과정에서 프랑스어 I 은 고등학교 2학년에, 프랑스어 II 는 3학년에 편재되어 있지만 실제로 수업은 고등학교 2~3학년에 걸쳐 프랑스어 I 과 프랑스어 II 의 1, 2과까지 이루어지는 경우가 많다. 따라서 논의의 범위를 실제 학습이 이루어지는 프랑스어 I 로 한정하도록 하겠다.

서 실현 가능한 교육목표, 즉 학습자들이 도달할 수 있는 언어 수준을 알아보는 한편, 구체적으로 각 과목의 특성을 고려한 교수·학습 내용을 결정해보도록 하겠다.

2. 6단계 참조범주와 공통 능력 수준

CECR는 학습자 수준을 크게 6단계로 구분하고 이를 다시 교수·학습 상황에 따라 여러 가지 하위 수준으로 세분화할 수 있도록 하고 있다. 특히 학습자의 언어능력이 듣기, 말하기, 읽기, 쓰기 면에서 모두 동등하게 발전하는 것이 아니라 각자의 총괄적 언어능력과 언어 사용 전략, 학습 상황에 따라 서로 불균형하게 발전한다는 사실에 주목하고, 이 수준을 세분화하고 있다는 면에서 우리나라 고등학교 프랑스어 학습자들의 학습능력 발달 수준을 가늠하는 데 유용한 도구라고 판단된다.

CECR에 의하면 학습자의 언어수준은 다음과 같이 분류된다.

<표 24> 6단계 참조범주[91]

A 초보 사용자 Utilisateur élémentaire		B 독립 사용자 Utilisateur indépendant		C 숙달된 사용자 Utilisateur expérimenté	
A1 도입 단계 Introductif ou découverte	A2 기초 단계 Intermédiaire ou de suivre	B1 독립시작 단계 Niveau seuil	B2 독립 단계 Avancé ou indépendant	C1 자립 단계 Autonome	C2 숙련 단계 Maîtrise

91) Un cadre de référence en six niveaux, *CECR* (2001:4).

참조기준은 모두 6단계로, 도입·기초·독립시작·독립·자립화·숙련 단계로 구별되는데 이것은 전통적으로 초급·중급·상급으로 나누던 것에서 각 단계를 다시 상·하 수준으로 나누어 보다 세분화하는 방식으로 변화시킨 것이다(CECR, 2001:25).

우선, 우리나라 학습자에게 맞는 수준을 설정하기 위해 이 가운데 외국어 학습 도입단계인 A1을 살펴보도록 하겠다. 다음은 공통 능력 수준을 나타내는 표 중 A1 부분만을 제시한 것이다.

<표 25> 공통 능력 수준: 총괄척도[92)]

초보 사용자 Utilisateur élémentaire	A1	- 구체적인 요구를 만족하게 하는 매우 간단한 발화, 즉 평이하고 일상적인 표현을 이해하고 사용할 수 있다. - 자기소개 및 타인 소개를 할 수 있으며 소개에 관련된 질문, 즉 거주지·가족·친구에 관한 질문과 대답을 할 수 있다. - 대화 상대자가 느리고 명확하게 말하며 대화에 매우 협조적인 경우, 간단하게 의사소통할 수 있다.

이 표의 내용으로 보아 A1은 새로운 외국어와의 첫 대면 단계로 자신과 자신의 기본적이고 구체적인 요구, 자신의 가족과 친구에 관한 내용을 소재로 아주 간단한 표현을 사용하여 의사소통할 수 있는 수준을 의미한다.

그러면 A1 수준이 어느 정도의 능력을 요구하는 것인지 CECR가 제시하는 자기 평가표를 통해 자세히 알아보도록 하자.

---

92) Tableau 1-Niveaux communs de compétences-Echelle globale, *CECR* (2001:25).

<표 26> 공통 능력 수준: 자기평가표93)

이해 comprendre	듣기 écouter	느리고 분명하게 말하는 경우, 나 자신과 가족, 구체적인 주변 환경에 친숙한 단어와 매우 자주 사용되는 표현을 이해할 수 있다.
	읽기 lire	알림·광고지·카탈로그에 사용되는 쉬운 명사와 단어, 매우 단순한 문장을 이해할 수 있다.
말하기 parler	대화 참여 prendre part à une conversation	대화 상대자가 반복해주고 매우 느리게 문장을 재구성해주며 내가 말하고자 하는 문장 구성을 도와주는 경우, 매우 간단하게 의사소통할 수 있다. 친숙한 주제나 당장 필요한 사항에 대해 질문하고 대답할 수 있다.
	구두로 연속적으로 표현하기 s'exprimer oralement en continu	나의 거주지나 내가 알고 있는 사람들에 대한 간단한 표현과 문장을 구성할 수 있다.
쓰기 écrire	쓰기 écrire	간단한 우편엽서, 예를 들어 휴가에 관한 엽서를 쓸 수 있다. 질문지, 예를 들어 호텔 숙박부에 이름, 국적, 주소 등의 개인 신상을 쓸 수 있다.

자기 평가표는 이해(듣기, 읽기), 말하기, 쓰기로 나뉘어 있는데, 이 표에 의하면 A1은 듣기에서 자신과 관계되는 내용의 단순한 발화를 이해할 수 있는 수준이다. 읽기에서는 실생활에서 접하게 되는 알림·광고지·카탈로그 등에서 간단한 어휘나 문장을 이해하여 필요한 정보를 얻을 수 있는 언어수준이다. 말하기에서는 상대방이 반복해 주고 느리게 말하며 나의 문장 구성을 도와주는 경우, 친숙한 주제와 필요에 대해 질문하고 대답할 수 있으며 거주지 및 나와 관계되는 주변 사람들에 대해 말할 수 있는 정도의 언어수준을 말한다. 쓰기에서는 간단한 엽서나 자신의 신상(이름·국적·주소 등)을 쓸 수 있는 정도의 언어수준을 말한다. 이와 같은 내용으로만 본다면 A1은 과목

---

93) Tableau 2-Niveaux communs de compétences-Grille pour l'auto-évaluation, *CECR* (2001:26).

에 상관없이 초급 학습자들이 달성할 수 있는 수준으로 보이지만, 구체적 내용을 살펴보면 A1 수준은 어휘와 문법, 의사소통 기능 면에서 학습자가 도달하기 어려운 수준임을 알 수 있다. 예를 들어, A1은 'Oui', 'D'accord', 'Bien sûr'와 같은 단순한 발화에서부터 학습자들이 사용하기 어려운 대명동사를 이용한 표현은 물론 'état', 'république', 'démocratie', 'élection' 등의 사용 가능성이 거의 없는 어휘도 포함하고 있기 때문이다(Beacco et al, 2007:65, 110, 125). 그러면 A1의 하위 단계인 A1.1은 우리나라 학습자들이 도달할 수 있는 내용인지 알아보도록 하자. 이 수준을 단순하게 설명하기는 어렵지만 *Niveau A.1.1 POUR LE FRANÇAIS*(Beacco et al, 2005. 32)에서는 A1.1의 언어능력을 총괄적으로 다음과 같이 기술하고 있다.

<표 27> A1.1 수준의 언어능력

학습자/사용자
· 사회생활에서의 구체적인 어떤 요구를 만족시키는 매우 간단한 발화와 같은, 아주 빈번하게 일어나는 의사소통 상황에서 사용되는 친숙하고 일상적인 표현을 이해한다.
· 국적, 신분, 직업, 거주지와 관련된 질문을 이해하고 대답할 수 있다. 그리고 경우에 따라서는 자신이 모르는 사람에게 혹은 행정적인 상황이나 예상할 수 있는 업무 상황에서 그와 같은 질문을 할 수 있다.
· 대화상대자가 느리고 분명하게 말해주며 협조적이고 친절한 경우, 간단한 발화(한두 단어에 집중하여)로, 제1언어나 다른 아는 언어에 의지하여 부분적이라도 일상적인 상호작용에 참여할 수 있다.

이와 같은 내용을 보면 A1.1 수준은 사회생활이나 행정적인 상황 등에서 학습자가 분명한 목적을 가지고 발화한다는 것을 전제하고 있다. 따라서 예를 들면 체류증 취득 후의 거주 및 육아, 자녀교육, 취업과 관련된 내용을 포함하고 있어서 학습자들의 필요나 흥미와 관계가 없고 학습량이 많아 우리나라 학습자들이 도달할 수 없는 수준으로 판단된다(Beacco et al, 2005:130-131 참조).

3. 유동적 분지모델의 적용

유동적 분지모델이란 앞서 서술한 바와 같이 서로 다른 학습환경과 서로 다른 언어능력 그리고 서로 다른 요구를 가진 학습자들의 구체적인 상황을 반영하여 각 언어 학습자들의 목표 수준과 교수·학습 내용을 결정할 수 있도록 고안된 것이다. 그렇다면 이 모델을 이용하여 학습자의 최종 목표는 어떤 수준에서 결정하는 것이 타당한지 생각해 보도록 하겠다.

학습자는 외국어 학습을 처음 시작한다는 점에서 기초 단계 A1에 있다고 할 수 있으나 앞서 언급한 바대로 A1은 물론 A1.1도 학습 목표로 정하기는 어려워 보인다. 그런데 학습자들이 각 언어 기능이나 언어 재료에 대해서 같은 시간 내에 같은 수준에 도달할 수 있는 것은 아니다. 세부 언어학습 항목에 따라서 같은 시간에 도달할 수 있는 수준이 다른 것이다. 학습이 더 어려운 항목이 있다면 우리는 이것을 A1.1.1이나 A1.1.2 등으로 표시할 수 있는데, 지나친 세분화는 불필요하다고 생각된다. 이에 네 가지 언어기능인 듣기, 읽기, 말하기, 쓰기에서 도달할 수 있는 수준이 각각 다르다고 보고 A1.1.1, A1.1.2, A1.1.3, A1.1.4 네 단계로 나누어 생각해 보겠다.

유동적 분지모델에 의해서 다음과 같은 방식으로 A1과 A1.1 수준의 하위 수준을 세분화할 수 있다.

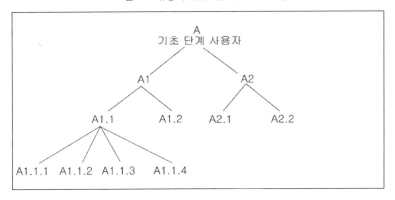

<**그림** 3> 유동적 분지모델의 세분화 모형

그러면 이제 CECR가 제안하고 있는 자기 평가표를 이용하여 현재 학습자 수준을 알아보기로 하겠다. 학습자는 자기 평가표를 이용하여 자신의 언어 프로필을 만들어 볼 수 있는데 이것은 현재 자신의 언어 수준을 측정하는 도구로 활용될 수 있다. CECR의 자기 평가표는 듣기, 읽기, 대화에 참여하기, 구어로 연속해서 말하기, 쓰기 각 항목에 대해 자신의 수준이 A1~C2 가운데 어떤 수준에 해당하는지 직감적으로 표시함으로써 완성되는데, 이렇게 만들어진 언어 프로필을 통하여 모든 학습자는 자신의 현재의 언어 수준을 총괄적으로 파악할 수 있고, 이를 통해 자신이 보완하거나 학습이 더 필요한 부분을 앎으로써 차후 학습 계획에 반영할 수 있다.

자기 평가표를 이용한 수준 측정은 다음과 같은 방식으로 이루어졌다.

첫째, 학습자의 자기 평가 결과를 쉽게 알아보기 위해 Rosen(2007:43, 62)의 자기 평가 그릴을 이용하였다.[94]

─────────────

94) Rosen의 자기 평가 그릴은 CECR가 제시하는 자기 평가표의 답안지와 같은 성격으로 해당 칸에 색

둘째, 학습자에게 CECR의 자기 평가표-총괄척도를 제시하고 Rosen 의 자기평가 그릴에 표시하게 하였다.[95]

우리나라 학습자들이 B나 C 수준은 물론 A1.1에도 도달할 수 없다 는 사실이 분명해 보이므로 자기평가 그릴은 앞서 논의한 대로 A1.1.1, A1.1.2, A1.1.3, A1.1.4 네 단계로 제시하고, 학습자들에게 프랑 스어 I 학습을 모두 끝냈을 때 표에 나타나 있는 내용—호의적인 상 대와의 대화, 엽서 쓰기 등—과 관련하여 예상되는 자기 수준을 표시 하도록 하였다.[96]

셋째, 이 결과를 통계 처리하여 학습자 집단의 항목별 언어수준을 표시하였다.

조사 결과는 다음 표와 같다.

<표 28> 프랑스어 학습자 언어 프로필

구분		A1.1.1	A1.1.2	A1.1.3	A1.1.4
듣기		■	■	■	
읽기		■	■		
대화에 참여하기	호의적인 상대와의 대화	■			
	친숙한 주제, 시급한 필요에 대한 질문과 대답	■	■		
구어로 연속적으로 표현하기					
쓰기	엽서 쓰기	■	■		
	신상 쓰기	■	■		

칠하는 방식으로 이루어지기 때문에 현재 자신의 항목별 수준을 알아보기 쉽다.

95) CECR는 아직 수업 현장에서 실험되지 않았으므로 학습자들의 수준을 알기 위하여 CECR에 입각 한 조사방법을 도입해 보았다. 자기 평가표에 의한 언어 수준 측정은 2009년 8월 25일에서 8월 29 일 사이, 서울 용화여고(프랑스어 1개 학급 40명) 2학년에서 실시하였다. 이 학교는 제2장과 제3장 의 설문조사 및 오류조사 연구에 참여했던 학교이므로 참여 학습자는 동일하지 않더라도 연구에 어느 정도의 일관성을 보장한다고 생각한다.

96) 설문에 응답할 당시 학습자들의 진도는 외국어 I 과목의 12과 가운데 5과 정도를 마친 상태로 과 목에 대한 자신의 적성과 성적이 어느 정도 파악된 상태이므로 최종 학습이 끝났을 때의 자기수준 예측이 가능하다고 생각된다.

초급 단계에서 프랑스어 학습자는 말하기 수준이 가장 낮고, 읽기 수준이 가장 높다. 학습에서는 말하기가 가장 어렵고 읽기가 상대적으로 쉽다는 사실을 의미한다. 위 표에 따라서 읽기는 A1.1.1, 듣기는 A1.1.2, 쓰기는 A1.1.3, 말하기는 A1.1.4로 목표수준을 정하는 것이 바람직해 보인다.

4. 의사소통 과제

유동적 분지모델 이외에 PA에 입각한 교수·학습 내용 결정을 위해서 도입해야 할 것은 과제의 개념이다. 과제란 언어 사용자가 사적 영역, 공적 영역, 교육 영역, 직업 영역에서 직면하게 되는 일상생활의 한 단면으로 행위자가 해결해야 할 문제나 수행해야 할 의무, 주어진 결과에 도달하기 위해 추구하는 행위 목표(visée actionnelle)라고 할 수 있다(CECR, 2001:121). AC의 과제가 의사소통 능력의 습득에 초점을 둔 교실 안에서의 학습과제라면 PA에서 말하는 과제는 언어 사용자가 사회적 행위에 이르기 위한 여러 유형의 연습을 모두 의미한다. 따라서 PA의 과제는 학습이 이루어지는 시점의 학습자 요구와 경험을 반영하는 사회적 과제로, 학습이 단순히 교실 내 사용으로 그치지 않게 해주며, 언화행위와 의사소통 활동을 유기적으로 결합하여 실제 언어 사용을 통하여 행위 목표에 이르도록 한다.

과제의 부여는 학습자로 하여금 '어떻게 학습할 것인가'보다는 '왜 학습하는가'에 대한 생각을 하게 함으로써 실제 필요를 반영하고 학습에 흥미를 불러일으킨다는 장점이 있다. 그러므로 과제의 개념을 도입하는 것은 학습자의 개별적인 필요나 흥미에 대한 고려 없이 일률적으로 의사소통 기능의 목록을 나열하는 수업방식에서 벗어나 보다 구체적이고 명확한 목표 아래서 의미 있는 교수·학습 활동을 가능하게 해준다. 또한, 단순히 의사소통을 위한 의사소통이 아니라 언어가 어디에 쓰이며 왜 필요한지를 명확히 하므로 '말할 필요를 느끼지 못한다'는 학습자들의 진술에서 나타난 현행 교육과정의 문제점을 해결하는 방안이 될 수 있다. 그렇다면 학습자들에게 어떤 과제를, 어떤 방식으로 부여할 것인가에 대한 논의가 필요해진다. 이를 위하여 Bourguignon(2008:8)의 제안을 참고해 보도록 하겠다. Bourguignon은 교재나 교수·학습 프로그램을 구성하기 위해 임무(mission)수행을 동반하는 과제로서 학습-행위 시나리오(scénario apprentissage-action)를 제안하고 있다. 학습-행위 시나리오는 다중언어주의를 촉진하기 위하여 어떤 언어에도 적용할 수 있는 교수방법을 모색하고자 한 것으로 무엇보다 학습에 의미를 부여할 필요에 따라 개발된 것이다. 이 시나리오에 따르면 학습자는 과제에 노출됨으로써 왜 학습할 필요가 있는지 이해하게 된다. 또한, 학습자의 능력을 단순히 언어적 능력에 한정하는 것이 아니라 행위를 가능하게 하는 지식과 능력, 조치의 총체로 규정하고 행위자의 행위 의도와 행위 결과 사이의 간극을 좁히고자 한 것으로 학습과 과제의 실행(사회적 행위)이 동시에 이루어진다는 의미가 있다.

Bourguignon은 학습자들에게 부여하는 임무의 예로 'Tu travailles pour…/ Tu es élève dans…/ Tu as été choisi pour…'와 같은 상황을 제시하고 임무수행을 위해 학습자들이 스스로 학습할 내용(과제)을 알아가도록 하는 것이 학습-행위 시나리오라고 하였다. 학습-행위 시나리오는 서로 연관된 의사소통 과제(tâche communicative)−하위과제(micro-tâche)[97]를 기초로 하며 이 과제들을 모두 수행했을 때 최종적인 학습 목표−상위과제 혹은 대과제(macro-tâche)에 도달하게 된다.[98] 이때 임무는 학습자들의 요구를 바탕으로 결정되어야 하며 과제는 사회적 상황 속에서의 행위로 실천된다.

학습−행위 시나리오의 틀은 다음과 같다.

① 임무 부여
② 조건 제시
③ 임무수행을 위해 무엇을 듣거나 읽고 누구와 대화해야 하는지 고려
④ 임무수행을 위한 최종 학습 내용 결정

학습−행위 시나리오에서는 임무와 과제의 성격에 따라 학습의 난이도나 학습량, 학습 내용이 달라질 수 있다. 따라서 이 시나리오는 개별 학습자의 특성과 상황을 고려하는 CECR의 유연성 있는 태도가 반영된 것으로 이에 입각한 교수·학습 프로그램은 과목별 학습자의 필요와 요구를 반영하여 수준에 맞는 학습 목표와 학습 내용을 결정할 수 있도록 해준다는 것을 알 수 있다.

---

97) 과제의 단계나 하위과제의 수는 과제마다 달라질 수 있다. 하위과제는 과제−행위(tâche-action)라 부를 수도 있는데, 이러한 행위는 반드시 언어적 행위만을 의미하는 것은 아니다. 때에 따라 언어만으로 이루어질 수도 있고 혹은 행위만으로 이루어질 수도 있으며 두 가지가 복합적으로 작용할 수도 있다.
98) 목표달성을 위한 과제들은 여러 층위로 구성될 수 있다.

5. 교수·학습 목표

다음으로는 <공통 능력 수준>을 바탕으로 하여 학습자들이 최종
적으로 도달할 수 있는 언어수준을 구체적으로 결정해 보도록 하겠
다. 수준 결정을 위해서는 *Niveau A1.1 pour le français*(Beacco, 2005:32-33)
를 참조하였다. 이것은 A1.1 수준에 관해 상세히 설명하고 있는 일종
의 해설서로서 우리나라 학습자들에게 적합한 교수·학습 내용 선정
을 위한 지침 역할을 할 수 있다.

이 해설서에 따르면 A1 초보 학습자의 언어능력은 다음과 같이 요
약된다.

① 구체적인 요구를 만족시키는 매우 간단한 발화, 즉 평이하고 일
상적인 표현을 이해하고 사용할 수 있다.

② 자기소개 및 타인 소개를 할 수 있으며 소개에 관련된 질문, 즉
거주지·가족·친구에 관한 질문과 대답을 할 수 있다.

③ 상대방이 매우 느리고 분명하게 말해주며 대화에 협조적인 경
우, 간단한 방식으로 의사소통할 수 있다.

이 사항들로부터 우리나라 외국어 학습자들의 언어능력 수준을 구
체화시켜 보도록 한다.

A1 수준의 '① 구체적인 요구를 만족시키는, 매우 간단한 발화, 즉
평이하고 일상적인 표현을 이해하고 사용할 수 있다'는 A1.1에서 다
음과 같은 사항을 의미한다.

→ 서비스와 관련된 구어 의사소통과 같은, 제한된 의사소통을 할

수 있다.

→ 사용(utiliser)보다는 이해(comprendre)에 초점을 둔다.

→ 발화는 기본적으로 문장 단위의 발화보다는 어휘 단위의 발화를 의미한다.

총괄척도 A1 수준에서 ①의 사항은 우리나라 프랑스어 학습자들에게 다음과 같이 적용할 수 있다.

①의 구체적인 요구(besoins concrets)란 학습자가 목표어를 사용하는 상황에서 반드시 직면하게 될 사회 공공 서비스와 관련된 요구라 할 수 있는데, 이 요구는 A1.1.2 수준에서는 예를 들어, 교통수단·식당·은행·우체국·숙박시설·상점 등의 시설을 이용할 필요를 의미하는 것으로 해석해 볼 수 있다. 매우 간단한 발화란 위와 같은 구체적인 요구가 발생할 때 사용할 수 있는 어휘나 단문 수준의 발화를 의미한다. 예를 들어, 식당에서 식사하고자 할 때 메뉴를 가리키며 자신이 원하는 음식 이름을 말한다든지, 좀 더 나아가서는 'Un café, s'il vous plaît!'와 같은 간단한 발화를 할 수 있음을 의미한다. 평이하고 일상적인 몇몇 표현이란, 예를 들어 'Bonjour'와 같은 인사말이라든지 'Pardon', 'Excusez-moi', 'S'il vous plaît'와 같이 의사소통 상황에서 매우 빈번하게 사용되는 관례적인 표현을 의미한다.

또 총괄척도 A1 수준에서 '② 자기소개 및 타인 소개를 할 수 있으며 소개에 관련된 질문, 즉 거주지·가족·친구에 관한 질문과 대답을 할 수 있다'는 다음과 같은 사항을 의미한다.

→ 자기소개란 단지 자기 자신이 누구인지 말하는 것을 의미하며

격식을 갖춰 자신을 소개하는 것이 아니라 신원을 확인하는 것을 의미한다. 즉, 이름·신분·국적 등에 관한 질문을 이해하고 답할 수 있는 것을 말한다.

→ 타인 소개에서 타인이란 가족의 구성원, 즉 어머니·아버지·형제·자매·친구로 제한된다.

따라서 ②는 '자신의 신원을 밝힐 수 있으며, 예를 들어, 국적이나 나이, 신분, 직업, 거주지와 관련된 질문에 대답할 수 있다. 또 경우에 따라서는 아는 사람과의 대화에서, 혹은 행정적 상호행위나 위에 언급한 바와 같은 예측할 수 있는 서비스 이용 행위 안에서 이러한 유형의 질문을 할 수 있다'는 것을 의미한다.

또 총괄척도 A1 수준에서 '③ 상대방이 매우 느리고 분명하게 말해주며 대화에 협조적인 경우, 간단한 방식으로 의사소통할 수 있다'는 우리의 프랑스어 학습자들을 위한 수준인 A1.1.2의 교육목표로 그대로 수용할 수 있다고 생각된다. 여기에서 말하는 '느리고 분명하게 말해주며'는 학습자가 잘 이해하지 못하는 경우, 단어 하나하나를 분명하게 반복주는 것을 의미하며 '대화에 협조적인 경우'는 목표어를 제대로 구사하지 못하는 상대방과의 대화에 호의적으로 응해줄 수 있는 경우를 의미한다.

6. 교수·학습 내용

프랑스어가 어렵게 느껴지는 것은 무엇보다 '낯섦'에 기인한다고 할 수 있다. '낯설음'이란 한국인과 프랑스인이 가지는 의식구조의 차이, 생활방식이나 사회적 행동에서 드러나는 행동 양식의 차이, 한국어와 프랑스어와의 언어 구조적 차이 때문에 학습자들이 갖게 되는 느낌이라고 할 수 있는데, 초급 학습에서는 이러한 요소로 인한 어려움이 크게 느껴진다. 이런 상황에서 언어 네 기능 모두를 고르게 발달시키고자 하는 목표는 달성하기 불가능하다. 따라서 이러한 문제를 해결하기 위해서 프랑스어 교육에서는 언어 재료 가운데에서는 '어휘'를 강조하고 표현기능(말하기, 쓰기)보다는 이해기능(읽기)을 강조할 필요가 있다.[99]

Brown(2007:301-302) 역시 언어사용은 학습자가 언어의 형태—문자, 음절, 단어, 구, 문법 요소, 담화 규칙 및 범주—를 인식하고 그것을 자신의 언어적 지식과 여러 가지 배경지식을 바탕으로 해석하고 처리하는 과정을 거쳐 이루어지며 상급에 이르러서야 담화의 의미와 기능, 목적에 더 많은 관심을 기울일 수 있게 된다고 지적한 바 있다. 따라서 교수·학습 활동에서 어휘 학습 및 읽기의 비중을 강화하여 언어 재료 및 의사소통 활동의 우선순위를 다음과 같이 할 것을 제안한다.

---

99) 읽기, 즉 이해기능은 표현기능에 비해 언어능력을 직접적으로 드러내는 것은 아니지만 '의지적인 행위'로서 역시 언어기능을 수행하는 것이다(Brown, 2007:38).

<표 29> 프랑스어 교수·학습 내용 우선순위

언어재료	어휘 > 발음 및 철자 > 문법 > 문화 > 의사소통 기능
의사소통 활동	읽기 > 듣기 > 쓰기 > 말하기

이와 같은 결과는 앞서 논의된 학습자 요구조사와 오류 결과를 바탕으로 도출된 것이다. 어휘 중심의 학습이 적절하므로 어휘를 가장 우선순위에 놓고 다음으로 학습자와 교수자가 각각 필요하다고 인식하는 발음과 문법을 두었다. 또 문화는 프랑스와 프랑스어에 대한 '낯섦'을 극복하는 데 필요할 뿐만 아니라 학습에 대한 흥미를 높일 수 있는 요소이므로 그다음에 두었으며, 당장 필요로 하지 않는 의사소통 기능을 가장 마지막에 두었다.

현재 고등학교의 언어학습환경에는 다음과 같은 제약이 있으므로 언어의 네 기능 가운데 특히 '읽기'를 강조하는 것이 바람직하다.

첫째, 교육과정에서 권장하고 있는 학습의 양을 고려할 때 언어의 네 기능에 모두 숙달하기에는 학습 시간이 부족하다. 예를 들어, DELF1 단계나 CECR의 A1 수준이 약 150시간을 요구하는(Barrière, 2003)[100]데 비해, 현재 수업시수는 교과서에 제시되는 발음·어휘·문법과 같은 언어적 요소만을 학습하는 데도 충분하지 못하다. 이러한 상황에서 언어의 네 기능을 모두 숙달시키는 것은 매우 어렵다.

둘째, 학습자들의 목표어와의 접촉은 주로 교과서라는 텍스트를 통하여 이루어진다. 또 가끔 수업의 보조 자료로 이용되는 실재자료 역시 메뉴, 광고, 알림, 노래 가사 등 읽기자료이다.

---

100) CECR는 학습시간에 대해서는 구체적으로 명시하지 않고 있고, Rosen(2007:115)의 경우는 60~100시간을 제시하고 있는데, 이것은 예를 들어 프랑스에서 집중적으로 프랑스어를 배우려는 이탈리아인의 경우이다. Barrière는 이와 다른 상황의 학습자를 염두에 둔 것으로 판단된다. http://www.edufle.net/Des-systemes-d-evaluation-en-FLE?var_recherche=barriere 참조.

셋째, 앞서 언급한 대로 프랑스어는 의사소통의 기회와 필요가 적은데, 학습자들이 당장 목표어와 접하게 되는 경우는 주로 인터넷상에 게시된 텍스트 자료, 즉 여행 정보 혹은 샹송 가사, 시 혹은 자신의 관심 분야와 관련된 특정 블로그일 가능성이 가장 크다.

넷째, 학습자들이 프랑스어를 실제 사용할 기회는 대학에 진학한 이후, 배낭여행이나 자신의 진로와 관련하여 연수 혹은 유학을 가게 되는 경우일 것이다. 이 경우 학습자는 원어민과 간단한 대화를 나누어야 하는 상황에 직면하지만, 그보다는 먼저 여러 유형의 게시물이나 표지판, 간판 등을 통해 의식적이건 무의식적이건 정보를 얻어야 할 필요가 발생할 가능성이 높다. 따라서 이러한 자료에 대한 이해를 위해서는 무엇보다 읽기 능력을 훈련하는 것이 필요하다.

설문조사에서 학습자와 교수자는 의사소통 중심 수업의 결과, 읽기와 쓰기 능력이 현저히 저하되었다고 지적한 바 있다. 그런데 앞서 조사된 학습자 프로필을 보면 읽기는 언어 네 기능 가운데 프랑스어 학습자들이 비교적 숙달하기 쉬운 기능[101]임을 알 수 있으므로 고등학교 수준에서는 우선 읽기 능력 함양에 중점을 두는 것이 가장 바람직해 보인다.

의사소통 과제

그렇다면 이제 지금까지의 논의를 바탕으로 우리나라 프랑스 학습

---

101) 학습 초기에 대부분의 프랑스어 학습자들은 호기심과 열의를 가지고 미래 어느 날 원어민과 자유롭게 대화하는 자신의 모습을 그리며 적극적으로 수업에 임하는 것을 볼 수 있다. 그러나 1년, 즉 약 90시간의 학습 후, 실제 학습 결과를 보면 대다수 학습자가 도달한 수준은 인사와 자기소개를 할 수 있는 정도의 수준이다. 그러나 읽기에서는 이보다 더 높은 수준에 도달할 수 있다.

자들에게 적용할 수 있는 학습-행위 시나리오를 생각해 보도록 하자. 이때 가장 먼저 고려해야 할 것은 학습자들에게 부여할 임무이다.

학습자들의 요구는, 길에서 우연히 프랑스인을 만났을 때, 프랑스 학습자들과 학교 간 교류를 하게 되었을 때, 혹은 프랑스에 여행이나 유학을 가게 되었을 때 프랑스어를 사용할 수 있는 것으로 요약된다. 이 가운데 어떤 것이 흥미를 유발함과 동시에 학습자들의 필요와 인지 수준에 맞는 학습 내용을 제공하게 될 것인가를 생각해 본다면 학습자들에게 부여할 임무로는 '만일 네가 프랑스에 가게 된다면'이 가장 적절하다고 생각된다.[102] 따라서 최종 목표 수준에 도달하기 위해 수행해야 할 임무로 현재 고등학교 2학년 학습자가 여름방학을 맞아 약 한 달간 파리로 어학연수를 가는 상황을 부여하기로 한다. 이것이 교수·학습의 대과제이다.

그리고 이 임무를 수행하기 위해서는 또 다른 하위 임무들을 수행할 필요가 있는데 이것이 하위 의사소통 과제가 된다. 또 결정된 의사소통 과제에 따라 의사소통 기능, 어휘, 문법, 발음, 문화 내용을 결정할 수 있으므로 하위 의사소통 과제는 위계적 측면에서 대과제의 하위과제이지만, 어휘, 문법, 발음, 문화 내용의 상위과제이므로 '중간 과제'라고도 부를 수 있을 것이다. 중간 과제의 하위과제는 위계 단계에서 제일 아래에 위치하게 되므로 편의상 최하위 과제로 부르기로 한다. 따라서 교수·학습 내용은 다음과 같은 도식으로 처리된다.

---

102) 이에 관해서는 이견이 있을 수 있다. 프랑스 현지에서 프랑스어를 사용하고 행동해야 하는 상황을 설정한다면 학습 내용이 매우 어려워질 가능성이 있기 때문이다. 그러나 제2장의 조사가 진행되는 가운데 이 요구 중에서 학습자들이 가장 흥미를 느끼는 임무는 '프랑스에 가게 되었을 때'라는 것을 알 수 있었다. 임무는 학습자의 요구에 따라 결정되어야 하므로 이를 따르기로 한다.

<그림 4> 교수·학습 과제 결정 순서

대과제 부여 – 임무: 파리 어학연수

⇓

중간 과제 결정 – 임무수행에 필요한 대과제의 하위과제 (의사소통 과제)

⇓

최하위 과제 결정 – 중간 과제를 실현하는 데 필요한 과제 (듣기, 말하기, 읽기, 쓰기 및 의사소통 기능, 발음, 어휘, 문법, 문화)

　의사소통 과제, 즉 언어를 통하여 하고자 하는 것, 수행하고자 하는 것을 결정한 뒤 이에 따라 학습해야 할 기능, 어휘와 문법이 결정되므로 의사소통 과제는 어떤 교육내용보다 먼저 고려되어야 할 사항이다.

　의사소통 과제를 결정하는 데는 다음과 같은 사항에 유의하였다.

　첫째, 교실 안의 의사소통은 모의 의사소통(simulation)이며 유사 의사소통(pseudo-communication)인데, 실제 상황을 가정한 이러한 과제의 실천은 언젠가는 그 일이 실제로 벌어질 것이며 나의 일로 현실화될 것임을 전제로 하고 있다. 외국어 학습자들이 언젠가 실제 상황에서 해당 언어를 사용하게 될 것이라는 기대를 전혀 하지 않고 단지 지금 교과서를 학습하는 것이 전부라고 생각한다면 외국어 학습은 전혀 흥미롭지 않을 것이다. 따라서 학습자들이 실제 언어를 사용할 수 있는 여러 가지 경우(여행, 연수, 이민, 취업) 중 하나를 학습자들의 요구를 참고하여 선택하였다. 실제로는 여행을 하게 되는 경우가 가장 많다고 생각되나 여행을 상황으로 설정할 경우, 성인을 대상으로 하는 교재와 차별성이 없고 이민이나 취업은 현실성이 매우 떨어진다고 생각하여 고등학생들에게 가장 적합하다고 생각되는 연수상황으로 결정하였다.

둘째, 프랑스어 교육내용은 실제 언어사용 국면에서 가장 필요한 것들로 이루어지는 것이 타당하므로 이 상황에서 학습자에게 필요한 의사소통 과제를 개정 교육과정과 CECR가 제시하는 목록을 참고하여 선별하였다.

셋째, 프랑스어 I 학습시간은 1주에 3시간의 비율로 1년간 약 34주에 걸쳐 이루어지므로 총 수업시간 수는 102시간인데, 학교 행사 등으로 인하여 실제 수업시간 수는 약 90여 시간이다. 따라서 각 의사소통 과제 습득에 필요한 시간을 평균 3시간, 즉 1주에 약 1개의 의사소통 과제를 습득할 수 있을 것으로 보고 39개의 세분화된 의사소통 과제를 제시하였다. 확인과 동의, 부인과 반대는 다른 의사소통 기능과 결합하여 학습할 수 있으므로 별도의 시간을 배정하지 않았다. 또 감사와 응대, 사과와 응대, 유감 역시 함께 제시할 수 있으며, 주소 읽기 역시 거주지 말하기나 지도 보기와 결합하여 습득할 수 있으므로 따로 시간을 배정하지 않았다.

그러면 대과제로 부여된 임무를 수행하기 위해 실천해야 하는 의사소통 과제들을 구체적으로 알아보기로 하겠다. 대과제로부터 다음과 같은 사항을 추출할 수 있다.

(1) 임무: 네가 파리에 한 달간 어학연수를 간다면……
(2) 조건: 한국어 의사소통은 불가능하며 주로 프랑스어를 사용하여 혼자 상황에 대처해야 한다.
(3) 중간 과제(의사소통 과제)
　① 교통수단을 이용할 수 있다.
　② 숙소와 학교를 찾아갈 수 있다.
　③ 인사와 자기소개를 할 수 있다.

④ 숙소나 학교에서의 기본적인 생활 규칙(화장실 사용, 식사 시간 등)과 시간표를 이해할 수 있다.
⑤ 학교등록에 필요한 서류를 작성할 수 있다(이름, 주소, 국적, 나이, 직업 쓰기).
⑥ 식당을 찾아 식사할 수 있다.
⑦ 우체국·환전소·은행을 이용할 수 있다.
⑧ 필요한 물건을 살 수 있다.
⑨ 지하철 노선도와 파리 지도를 볼 수 있다.
⑩ 표지판·간판 등을 이해할 수 있다.
⑪ 여가를 활용할 수 있다.
(4) 최하위 과제

(3) 중간 과제의 10가지 세부항목들로부터 학습자들이 학습해야 할 의사소통 기능과 기타 행위를 수행하는 데 필요한 언어적 행위요소[103]들을 추출해 볼 수 있다. 추출된 요소들이 바로 학습자들이 학습해야 할 최하위 과제들인데 그 내용은 다음과 같다.

① 교통수단 이용하기: 지하철·버스·기차 타기, 표 사기, 지하철 노선도 보기, 지하철 타기, 지하철 내 표지판 이해, 버스정류장 찾기, 기차역 찾기, 기차 시각표 보기, 플랫폼 확인 등
② 숙소와 학교 찾아가기: 지도 보기, 길 찾기, 길 묻기, 주소 읽기
③ 인사와 자기소개하기: 인사하기, 이름·나이·국적·거주지 말하기
④ 숙소나 학교의 생활 규칙 알기: 숙소 생활(화장실 사용, 식사시간), 학교 시간표 알기, 시간 알기
⑤ 학교 등록 서류 쓰기: 서식에 이름·주소·국적·나이·직업 쓰기
⑥ 레스토랑이나 구내식당에서 식사하기: 간판의 이해, 식당 찾기, 메뉴 보기, 주문하기

---

103) 의사소통 기능은 언화행위(acte de parole)로서 어떤 상황에서 발화자 A와 발화 상대자 B를 상정하고 있다. 그러나 프랑스어 의사소통 과제를 수행하기 위해서 때로는 언화행위가 아닌 한 방향의 의사소통이 필요할 때가 있다. 표지판을 읽거나 정해진 양식을 읽는 행위가 이에 속할 것이다. 따라서 이에 필요한 언어학습 요소를 언어행위 요소라고 부르기로 한다.

⑦ 우체국·은행·환전소 이용하기: 이메일이나 엽서(쓰기)[104] 보
내기, 돈 찾기, 환전하기
⑧ 물건 사기: 광고 전단 보기, 가격 묻기, 가격표 보기
⑨ 지하철노선도와 파리지도 보기: 주요 역 알기, 주요 관광지 위
치 알기
⑩ 표지판·간판 이해하기: 과제들을 수행하는 데 필요한 표지 이
해하기
⑪ 여가 보내기: TV 보기, 영화관 가기, 약속 정하기, 관광 및 여행

이와 같은 사항에 학습자들의 요구에 나타난 감사, 사과, 그리고
제시한 10가지 과제와 관련하여 어떤 의사소통 상황에서라도 기본적
으로 필요하다고 생각되는 확인과 부인(예, 아니오), 동의와 반대, 좋
고 싫음을 표현하는 기호를 포함하여 의사소통 기능과 기타 언어적
행위요소를 목록화하면 다음과 같이 된다.[105]

[의사소통 기능]

(1) 간단한 인사
① 만날 때: Salut! / Bonjour! / Bonjour, Madame(ou Monsieur!)
② 헤어질 때: Salut! / Au revoir! A demain! A tout à l'heure! / Au
revoir, Monsieur!

(2) 안부
Ça va? / Comment ça va?

---

104) 엽서의 경우 한국어로 쓰는 경우가 대부분이며 프랑스 연수 과제 수행에 꼭 필요한 사항은 아니
라고 생각되어 쓰기는 괄호 안으로 처리하였다.
105) 학습자 대부분이 이르고자 하는 의사소통 수준은 인사와 자기소개, 안부 묻기, 길 묻기, 가족, 학
교, 친구, 취미에 관한 간단한 표현, 감사, 사과, 기호와 관련된 표현을 할 수 있는 수준이므로 프
랑스어의 교수·학습 내용은 이와 같은 학습자들의 요구를 반영하는 수준에서 결정되는 것이 바
람직할 것이다. 따라서 이와 같은 학습자들의 요구를 반영하되 개정 교육과정과 CECR의 규정을
참고하고 수업시간을 고려하여 고등학교 프랑스어 I 수업에서 다룰 수 있는 의사소통 기능을 결
정하도록 한다. 의사소통 기능은 이처럼 객관적인 기준으로 결정하고자 하였으나 연구자의 경험
에 의한 주관적인 판단도 개입할 수밖에 없으므로 부분적으로 자의적이라는 한계가 있다.

- Ça va (très bien).

Comment vas-tu? / Tu vas bien?

- Je vais (très) bien, et toi?

Comment allez-vous?

- Je vais (très) bien, et vous?

(3) 소개

① 자기소개

Comment vous appelez-vous? / Tu t'appelles comment? / Quel est votre nom?

- Je m'appelle Michelle.

② 타인소개

Qui est-ce, cet homme-là?

- C'est mon père. / C'est ma mère.

Voilà mon père, ma mère et mon frère, Kyongsu.

(4) 직업

Qu'est-ce que tu fais?

- Je suis étudiant(e).

Qu'est-ce qu'il(elle) fait?

- Il(Elle) travaille dans une entreprise / chez Citroën.

(5) 국적

Vous êtes coréen? - Oui, je suis coréen.

Il est français? - Non, il est anglais.

(6) 거주지

Où habitez-vous?

- J'habite (à) Séoul / Paris.

Où est votre appartement?

- C'est près de l'Opéra.

(7) 나이

Quel âge avez-vous? / Quel âge as-tu?

J'ai 19 ans.

(8) 확인과 동의
Oui. Peut-être. Pourquoi pas? Bien sûr.
D'accord.

(9) 부인과 반대
Non.
Je ne crois / pense pas.
Je ne sais pas.
Pas d'accord.

(10) 감사와 응대
Merci. / Merci bien. / Je vous remercie.
- De rien. / Je vous en prie.

(11) 사과와 응대
Pardon. / Excusez-moi.
- Ce n'est rien. / Ce n'est pas grave.

(12) 유감
(Je suis vraiment) désolé(e).
C'est dommage.

(13) 감각적 느낌
J'ai faim / soif / froid / chaud.
Je suis fatigué(e).
Je suis malade.

(14) 기호와 관심
Bien! Super! Intéressant!
J'aime ça. Je l'aime beaucoup.
Je n'aime pas ça. Ça ne m'intéresse pas.

(15) 요일, 날짜
Quel jour est-ce aujourd'hui?
- C'est samedi.
C'est le combien aujourd'hui?

- C'est le 20 août.

(16) 시간
Quelle heure est-il?
- Il est 11 heures et demie.
Vous avez l'heure?
- Oui, il est 10 heures.

(17) 날씨
Quel temps fait-il aujourd'hui?
- Il fait beau / mauvais / gris / chaud / froid.
- Il pleut / neige.

(18) 식사하기: 식당을 찾고 (메뉴를 읽거나 가리키는 방식으로)
음식 주문하기
Qu'est-ce que vous voulez?
- Deux cafés, s'il vous plaît!
- Je voudrais un steak-frites et une bouteille de vin.

(19) (손가락으로 가리키는 등 제스처를 사용한 단순한 방식의) 물
건 사기
C'est combien?
Je voudrais ça et ça.
Vous acceptez les cartes?

(20) 약속 시각, 장소 정하기
Vous êtes libre cet après-midi?
On se voit à quelle heure?
On se voit où?
Rendez-vous devant le cinéma, ça vous va?

(21) 길 묻기와 답하기
Où est la station de métro, s'il vous plaît?
Allez tout droit et puis tournez à droite.
Où est l'Avenue Emile Zola?

(22) 지하철, 버스 티켓 사기
Je voudrais un ticket, s'il vous plaît.
Un ticket, s'il vous plaît.
Un carnet, s'il vous plaît.

(23) 환전소, 은행 가기: 환전하기, 돈 찾기
Je voudrais échanger ce chèque en euro.

(24) 우체국 가기: 엽서 보내기
Je vourais envoyer cette carte en Corée.

[언어행위 요소]

(1) 주소 읽기
55, rue Victor Hugo
21, Bd Saint-Michel
5, Av. des Champs-Elysées
4, place d'Italie

(2) (주요 역을 중심으로) 파리 지하철 노선도 읽기
Gare du Nord, Gare de l'Est, Gare de Lyon, Châtelet-les Halles,
Montparnasse, Charles de Gaule Etoile, etc.

(3) 간단한 표지판, 약자(consignes)의 이해
M(métro), RER, T.G.V, SNCF, Correspondance, Toilettes, Entrée,
Sortie, H(hôtel), Guichet, Réception, S.V.P, Interdit, Attention,
Solde.

(4) 간판의 이해
- 식당, 빵집, 식료품 가게, 슈퍼마켓, 백화점, 쇼핑몰, 서점 찾기

(5) 파리 지도 보기
- 시내 주요 장소 및 자신의 거주지, 학교 위치 찾기
la tour Eiffel, le Musée du Louvre, la cathédrale de Notre-Dame,

Montmartre, les Champs-Elysées, la Sorbonne, le centre Pompidou, l'Hôtel de Ville, etc.

(6) <u>기차 타기</u>
- 기차 시각표 보기
- 티켓 사기, 티켓 내용 이해하기
- 플랫폼 찾기: voie / quai

(7) <u>전화하기</u>
- 전화를 거는 법 알기(공중전화, 휴대전화) 파리→파리, 파리→한국

(8) 정해진 양식에 이름, 주소, 국적, 직업, 날짜 쓰기

(9) 간단한 메모 쓰기
- 약속 시각, 장소, 주소와 관련된 메모

(10) 이메일 쓰기
- 자신의 근황(주거지, 학교, 친구)을 담은 간단한 이메일

(11) <u>게시판의 알림(annonce) 읽기</u>
- 시간표, 교실 변경 등의 알림

(12) TV 보기
- 편성표에서 채널 찾기와 프로그램 찾기

(13) <u>광고 전단 읽기</u>
- 상품명, 가게 위치, 가격 알아보기

    제7차 교육과정이나 개정교육과정이 제시하는 목록과 다른 점[106]은 다음과 같다.

    첫째, 대화를 통한 의사소통이나 정보의 교환뿐만이 아니라 파리

---

106) 위 목록에 밑줄로 표시.

시내에서 발견할 수 있는 여러 가지 지표들(표지판, 간판, 안내문, 광고 등)을 이해하고 상황에 맞게 대처할 수 있도록 하는 데에 초점을 두어 이러한 사항들을 언어적 학습 요소로 다루고자 하였다. 예를 들어, 현재 지하철 이용과 관련된 언어적 학습 내용은 의사소통 기능 중심으로 제시되며 표를 사는 상황에서의 대화문으로 이루어져 있는데, 학습자들이 실제 프랑스에 간 상황을 가정하면 표를 사기에 앞서 M으로 표시된 지하철역을 찾을 수 있어야 하기 때문이다. 또 지하철역에 들어가고 나가고 갈아타기 위해서는 Entrée, Sortie, Correspondance라는 표지도 읽을 수 있어야 한다. 따라서 이러한 표지의 이해는 학습과제의 수행에 반드시 필요한 요소가 되므로 포함하는 것이 타당할 것이다.

둘째, 지하철 노선도, 파리지도, 기차 시각표, 기차표, 광고 전단, TV편성표와 같은 실재자료의 '읽기'를 주요 언어적 학습 요소로 다루고자 하였다. 현행 교과서에서 이와 같은 요소들은 주로 문화 내용으로 다루어지거나 대화문의 보조자료로 다루어지는 측면이 있는데 실제로 파리에서 생활하거나 여행을 하기 위해서는 이러한 자료에 대한 이해가 필수적이므로 이러한 자료의 읽기도 주요 학습 요소에 포함하고자 하였다. 예를 들어, 여행하기 위해서 기차표를 샀지만, 기차표의 내용을 이해하지 못한다거나 'voie'와 'quai'를 구별하지 못한다면 기차를 타는 것이 어려울 수 있다. 따라서 이와 같은 자료들은 주요 학습 내용으로 다루어질 필요가 있다.

셋째, 학교 등록이나 호텔 숙박에 필요한 서식 '쓰기'를 추가하였다. 간단하더라도 이름, 주소, 국적, 직업, 날짜를 써야 하는 일도 빈번하므로 이와 같은 사항을 의사소통 과제로 추가하였다.

넷째, (식당에서) 주문하기는 식사하기(식당 찾기와 주문하기)로, 전화상의 대화는 전화하기로 바꾸었는데, 이는 대화 자체보다는 주어진 당면 과제를 해결하는 데 초점을 두고자 하는 의도에서였다. 실제로 식당에서 식사하기 위해서는 우선 적당한 식당을 찾을 수 있어야 하는데, 한국인 학습자들이 고급 레스토랑과 대중음식점, 카페를 구별하기란 어렵다. 따라서 식당을 찾는 것 역시 하나의 과제가 될 수 있다. 전화하기도 마찬가지인데 전화상의 대화에 앞서 공중전화를 찾고 전화를 거는 방법부터 알아야 하기 때문이다.

언어적 행위요소 가운데 게시판의 알림, TV편성표, 광고 전단 읽기와 같은 과제는 대부분 초보 학습자들이 이해에 어려움을 겪을 수 있는 어휘와 문법 내용을 포함하고 있는 활동이다. 따라서 이 과제는 내용의 세부적이고 정확한 이해보다는 어휘 수준에서 필요한 정보만을 파악하는 활동으로 그 범위를 한정한다. 그 외에 현행 교육과정이 제시하고 있는 충고와 추측, 하루 일과 말하기는 문법적 난이도가 높다고 생각하여 의사소통 기능에서 제외하였다.

그러면 다음으로는 이처럼 결정된 의사소통 과제를 바탕으로 학습할 어휘를 결정해보도록 하겠다.

어휘

지금까지 외국어 교육에서 어휘학습은 문장의 읽기 맥락을 통해 간접적인 방법으로 이루어졌기 때문에 매우 소홀히 된 측면이 있다. 그러나 외국어 학습 초기에는 학습자의 발화가 문장보다는 어휘 수준에서 이루어지며 주어진 문장의 이해 역시 어휘 해석에 의존하는 경우가 많다. 어휘는 의미의 기본 단위이기 때문에 어휘 학습은 말이나 글을 통한 의사소통의 첫걸음이 되므로 어휘 학습은 우연한 학습이 아니라 의도적인 학습이 될 필요가 있다.

초보단계에 있는 학습자들은, 어떤 의사소통의 의도를 가지고 발화하고자 할 때 특정 단어가 떠오르지 않아 자신의 의도에 맞는 문장을 구성하지 못하는 경우가 많다. 때로는 문법적인 문장을 구성하였더라도 상황에 맞고 전달하고자 하는 의미를 담은 단어를 사용하지 못하여 의사소통에 실패하기도 한다. 그런데 어떤 경우에는 문장 전체를 구성하지 못하더라도 전달하고자 하는 의미를 담은 어휘를 말함으로써 의사소통 목적을 달성하기에 이른다. 예를 들어, 지하철역에서 표를 사고자 하는 상황에서 학습자가 발화할 것이라고 기대되는 문장은 다음과 같다.

Je voudrais un ticket, s'il vous plaît.

그런데 만일 학습자가 'un ticket'라는 단어를 모른다면 'Je voudrais…'와 같은 표현을 알고 있다 하더라도 표를 사고자 하는 의도를 전달하기가 쉽지 않고 따라서 자신의 의도에 맞는 의사소통을 하기가 매우 어려울 것이다. 그러나 반대로 'Je voudrais…'를 모르더라도 'un ticket'를 안다면 의사소통 목적을 쉽게 달성할 수 있다.

실제 프랑스어 의사소통 수업에서 학습자들의 발화를 조사해 보면 완전한 문장보다는 어휘 중심의 발화빈도가 높은 것을 알 수 있다.

교실 대화의 다음 예를 보자.

예 1)

Professeur: Qu'est-ce que vous allez faire pendant le week-end?
Élève: Étude.

예 2)

Professeur: Qu'est-ce qu'il y a sur la table?
Élève: Livre, cahier, stylo…

비록 주어와 동사도 사용하지 못하고 관사도 빠져 있기는 하나 자신이 말하고자 하는 의도는 제대로 전달하고 있다는 것을 알 수 있다. 그렇다면 고등학교 수준에서 어떤 어휘를 얼마나 학습해야 하는가?

이를 결정하기 위해 먼저 어휘 선정을 위한 기준에 대해 생각해 보도록 하겠다.

1) 어휘 선정 기준

첫째, 어휘 선정에서 가장 먼저 고려해야 할 사항은 일상생활에서의 사용빈도, 즉 유용성이다. *Le français fondamental*(Gougenheim, 1958)을 비롯하여 *Un niveau seuil*(CREDIF, 1976) 및 최근 발표된 CECR 해설서 (*Niveau A1.1 pour le français,* 2005)의 어휘목록 모두 일상생활에서의 사용빈도, 즉 유용성을 바탕으로 하고 있음을 볼 때 사용빈도는 어휘선정의 가장 중요한 기준이 될 수 있다. 따라서 어휘 선정은 앞서 결정한 의사소통 과제 수행 과정에서 빈번하게 사용될 어휘를 중심으로 이루어져야 한다.

둘째, 어휘 선정에는 학습자의 요구가 반영되어야 한다. 일상생활에서의 사용빈도만으로 어휘를 선정하였을 경우, 고등학교 학습자라는 특정 집단의 요구와 필요가 소홀히 되어 학습의 흥미를 감소시킬수 있다. 프랑스어 학습자들의 목표어에 대한 지식과 정보는 전무한상태이므로 어휘에 대한 자신들의 요구를 스스로 알고 밝히기가 어렵다고 생각된다. 그러나 본 연구에서 어휘는 학습자들의 관심과 흥미를 반영하여 결정된 과제로부터 추출할 것이므로 결국 학습자의요구가 반영된 것이라 할 수 있다.

셋째, 어휘 선정에는 학습자 수준에 따른 학습의 용이성(facilité)이고려되어야 한다. 용이성은 학습자의 인지 수준으로 학습할 수 있는지와 관련되므로 학습 가능성이란 말로도 표현할 수 있다. 단, 지나치게 쉬운 어휘만을 선정하였을 경우, 학습의 흥미가 감소하므로 주의해야 할 것이다.

2) 어휘 수

고등학교 수준에서 몇 개의 어휘를 학습해야 하는가 하는 문제는결정하기가 매우 어렵다. 어휘 수 결정에 대한 많은 연구자의 논의[107] 가운데 한상헌(2004:51-80)을 제외한 대부분의 연구자가 어휘수 제한에 반대하는 입장이었다.[108] 어휘 수 제한에 반대하는 이유로는 어휘 수가 제한된 상황에서는 의사소통 능력 향상이라는 교육목표를 달성할 수 없다는 교육적 입장[109]과 교과서 내용 구성에 어려움이 있다는 교과서 제작상의 기술적 문제가 주를 이룬다. 프랑스 교육

---

107) 박옥줄(1993), 한상헌(2004), 김종철(2005).
108) 교육과정별 학습어휘 수는 점차 감소하는 경향을 보이다가 개정 교육과정에서 다시 증가한다. 프랑스어 I 의 사용 어휘를 약 100개 늘린 것 이외에, 문법 기능상 혹은 의미상 차이가 있더라도 형태가 동일한 단어는 개별단어로 산정하지 않는 등, 어휘 산정 방법을 완화하였기 때문이다(고등학교 교육과정 12, 교육과학기술부, 2008 참조).

부가 제시한 기초 프랑스어 1단계(*Le français fondamental,* Niveau 1)는
1,445개를, 박옥줄(1993:438)은 1,200개를 제안하고 있으며 제7차 교육
과정의 교과서 제작에 참여했던 대다수 저자는 프랑스어Ⅰ에서 최소
한 600개 이상, 프랑스어Ⅱ를 포함하여 1,000~1,200개의 어휘를 사용
하도록 해야 한다는 입장이었다(김종철, 2005:65, 70). 박옥줄과 교과
서 저자들은 기초 프랑스어 1단계와 같이 약 1,500개에 이르는 단어
를 모두 학습하기는 현실적으로 어려우므로 그보다는 적은 어휘 수
를 학습하는 것이 적절하다는 입장인 것으로 보인다.[110]

요구조사를 보면 프랑스어 학습자들의 경우도 2년간 약 1,000개 정
도의 많은 어휘를 학습하기를 원하고 있어 현재 교육과정이 제안하
는 800개의 어휘 수와 큰 차이를 보였다. 이를 통하여 프랑스어 학습
자들의 학습 의욕이 매우 높다는 것을 알 수 있으나 현실적으로는
800개의 어휘를 학습하는데도 학습자들이 많은 부담을 느끼기 때문

<교육과정별 어휘 수 변화>

1차	2차	3차	4차	5차	6차	7차	개정과정
2400	1500 (+100~200)	1500 (+100~200)	1200	1000	Ⅰ과목: 500 Ⅱ과목: 500	Ⅰ과목: 400 (Ⅱ과목포함: 800)	Ⅰ과목: 500 (Ⅱ과목포함: 800)

* 단위: 개
* 제6차, 제7차, 개정교육과정은 정해진 어휘 수의 ±10%를 재량어휘로 허용한다.

109) 어휘 제한이 의사소통을 중시하는 현행 교육과정의 이념과 상충하는 면이 있는 것은 사실이다.
어휘가 제한됨으로 인하여 실제 프랑스인이 사용하는 표현을 도입하는 데 어려움이 따르고, 또
이 때문에 교과서에 사용되는 표현은 원어민의 발화방식을 일부 혹은 상당 부분을 수정한 부자
연스러운 표현이 된다. 또 감탄사 등을 포함한 다양한 구어 표현도 어렵고 실재자료를 도입하기
도 힘들다.
이러한 문제는 읽기를 중심으로 한 교육내용 구성에서도 드러날 수 있다. 의사소통 기능을 중심
으로 한 대화문뿐만 아니라 읽기 자료로 제시될 수 있는 기타 여러 형태의 글, 예를 들어 짧은
광고, 알림, 샹송 가사, 인터넷 기사 등도 실재자료로서 원어민의 문장생성 방식이 구현된 것이기
때문에 난이도에 상관없이 많은 어휘를 학습해야 하는 부담이 생긴다.
110) 시간이 흐름에 따라 기대 학습 어휘 수가 적어지는 것을 알 수 있는데 이것은 고등학교의 제2외
국어과 수업시수가 점차 감소했기 때문으로 보인다. 따라서 학습 어휘 수 결정에 가장 중요한 요
소는 수업시수, 즉 학습시간이라고 판단된다.

에 정해진 시간 내에 학습 가능한 어휘는 이와 큰 차이가 있다. 기초 프랑스어의 초급이란 초급·중급·상급 세 단계 중 초급을 의미하므로 실제 우리 학습자들의 초급과는 그 의미가 다르며 학습시간이 300~400시간[111]이기 때문에 1,445개의 어휘를 시간으로 나누어보면 실제 시간당 학습 어휘 수는 약 4개로 현재 고등학교 학습자들의 시간당 학습 어휘 수 4~5개에 비해 적다.[112] 또 CECR A1.1 수준은 문법어를 포함하여 150시간에 500개[113]의 어휘를 학습하도록 하고 있다.

그렇다면 고등학교 학습자에게 제시해야 할 적정 어휘 수는 몇 개일까? 기초 프랑스어나 CECR의 A1.1 수준에 비해 현재 학습자들이 학습해야 할 어휘 수가 많은 것이 분명하므로 산술적으로는 시간당 학습 어휘 수가 4개 이하가 되도록 어휘 수를 줄이는 것이 바람직해 보인다. 그러나 어휘 수준의 의사소통을 강조하는 입장에서 무조건 어휘 수를 축소하는 것도 바람직하지 못하므로 다음과 같은 방식으로 학습 어휘를 결정하였다.

먼저, 앞서 결정한 의사소통 기능과 관련된 어휘들을 선정하였다. 이 과정에서는 주로 개정 교육과정의 어휘목록을 참고하였다. 교육과정이 제시하는 어휘목록은 교사와 학습자들의 요구조사 및 교육과정의 시행을 통해 그 필요성이 인정된 것이므로 참고할 수 있다. 그리고 다음으로는 CECR A1.1 수준의 어휘 목록[114]과 비교하여 과제 수

---

111) *Dictionnaire de didactique des langues*(Galisson et Coste, 1976:370)
112) 현재 프랑스어 I 에서 400개, 프랑스어 II를 포함하여 800개까지 다루도록 한 어휘 수를 학습시간 과의 관계에서 따져보면 시간당 학습 어휘 수는 다음과 같이 산출된다.
   이수 어휘 수 800개 ÷ 프랑스어 수업시수 180시간 = 시간당 학습 어휘 수 4~5개
113) CECR A1 단계는 학습자 수준이나 학습여건에 따라 세분화할 수 있으므로 이수 어휘 수 역시 유 연성 있게 조정할 수 있다. *Niveau A1.1 pour le français*(2005:34)는 A1.1 수준의 어휘 수를 약 500개 의 단어와 관용 표현으로 예시하고 있다.
114) *Niveau A1.1 pour le français*(2005:112-157)는 주제별·의미별 어휘목록과 알파벳순으로 정렬한 어휘 목록을 제시하고 있는데, 그 가운데 사용빈도가 가장 높은 100개의 단어를 따로 선정하여 알파벳

행상 필요하나 누락되어 있는 단어를 조사하여 선별하였다. CECR A1.1 수준의 어휘 목록에서는 주제별 어휘표(*Niveau A1.1 pour le français*, 2005:112-155)와 프랑스인들의 사용빈도가 가장 높은 100단어를 모아 놓은 어휘표(2005:156-157)의 어휘를 조사하여 이 가운데 사용 가능성이 높은 어휘들을 선별하였다. CECR A1.1이 제시하는 어휘표는 프랑스인들의 실제 어휘 사용을 조사한 결과 도출된 사용빈도를 바탕으로 결정된 것이므로 과제 수행과정에서 학습자들이 이러한 어휘들과 접촉할 가능성이 높기 때문이다.

이처럼 한 결과 다음과 같이 어휘가 결정되었다.

<프랑스어 I 어휘 목록>

(1) 문법어

- 주격인칭 대명사: je, tu, il, elle, nous, vous, ils, elles
- 강세형 인칭 대명사: moi, toi, vous
- 부정관사: un, une, des
- 정관사: le, la, les
- 부분관사: du, de la, des
- 부정의 de
- 소유형용사: mon, ma, mes / ton, ta, tes / son, sa, ses / notre, notre, nos / votre, votre, vos / leur, leur, leurs
- 직접목적보어 대명사: me, te, le, la, nous, vous, les
- 지시대명사: ce, cela(ça), ceci
- 지시형용사: ce(cet), cette, ces
- 의문대명사: qui, que(qu'est-ce que)
- 의문부사: quoi, où, comment, combien, pourquoi, quand
- 의문형용사: quel, quelle, quels, quelles
- 비인칭 주어: il

순으로 제시하고 있다.

- 부정 대명사: on
- 전치사: à, après, avec, chez, de, dans, depuis, devant, en, entre, jusqu'à pour, voici, voilà
- 접속사: et, mais

(2) 주제별 어휘 및 표현

- 인사: salut, bonjour, bonsoir, bisou, revoir
- 안부: aller, bien, mal
- 호칭: madame, mademoiselle, monsieur
- 소개: s'appeler, être, nom, prénom, homme, femme, garçon, fille
- 가족: famille, grand-père, grand-mère, père, mère, frère, sœur
- 친구: ami
- 국적: nationalité, coréen, français, chinois, japonais
- 신분, 직업: faire, travailler, étudiant, élève, lycéen, professeur, employé, chômage
- 거주지: habiter, se trouver, rez-de-chaussée, chambre, salle, lit, toilettes, fenêtre, porte, partager, déménager, ascenseur, escalier, éteindre, banlieue, ville, fermer, ouvrir
- 나이: âge, avoir, an
- 확인과 동의: oui, peut-être, (bien)sûr, d'accord, avis, comprendre, écouter, possible
- 부인과 반대: non, croire, penser, contraire, ne~pas
- 감사와 응대: merci, remercier, rien, prier
- 사과와 응대: pardon, excusez-moi, grave
- 유감: désolé, dommage
- (감각적) 느낌: beau, faim, soif, froid, chaud, fatigué, malade
- 감정: heureux, content, joli, peur, souhaiter
- 크기: grand, petit, large, étroit
- 신체: bras, pied, ventre, tête, yeux
- 기호와 관심: super, intéressant, bon, aimer, s'intéresser
- 판단: faux, vrai, mieux, meilleur, pareil
- 가능: pouvoir
- 요일・날짜・시간: heure, seconde, lundi, mardi, mercredi, jeudi, vendredi, samedi, dimanche, jour, janvier, février, mars, avril, mai, juin, juillet, août, septembre, octobre, novembre, décembre, mois,

heure, demi, avoir, moins, quart
- 때: aujourd'hui, hier, demain, avance, bientôt, matin, soir, après-midi, week-end, prochain, dernier, quelquefois, souvent, toujours, tôt, tard
- 숫자: 0~16, 20, 30, 40, 50, 60, 70, 80, 90, 100
- 날씨: beau, mauvais, gris, pleuvoir, neige, temps
- 환영: bienvenue, entrer, s'il vous plaît, s'asseoir
- 학교: école, lycée, université, apprendre
- 음식 · 음료 · 식사: addition, appétit, restaurant, boire, déjeuner, dîner, vouloir, manger, finir, cuisine, café, baguette, croissant, fromage, pain, céréale, couteau, fourchette, eau, jus, vin, steak, poulet, poisson, pomme, frites, menu, carte, bouteille, table, entier, moitié, salade, salé, soupe
- 양 · 정도: beaucoup, peu, tout
- 물건 사기: accepter, acheter, payer, prendre, carte, prix, gratuit, neuf, chariot, courses, taxe, euro
- 약속: libre, rendez-vous, oublier, voir, sortir, rentrer, réservation
- 장소: hôpital, hôtel, cinéma, musée, endroit, ici, hors, fond, quartier
- 길 묻기: droit, droite, gauche, chercher, tourner, reprendre
- 주소: rue, avenue, boulevard(Bd), place, plan
- 교통: arriver, partir, ticket, carnet, métro(M), gare, station, autobus, voiture, taxi, RER, SNCF, TGV, ligne, voie, quai, aller-retour, arrivée, départ, bagages, valise, centre-ville, contrôle, fumeur(non-fumeur), service, valable, changer
- 표지판 · 약어: correspondance, toilettes, entrée, sortie, H(hôtel), guichet, acceuil, réception, S.V.P., interdit, attention, solde,
- 간판: boulangerie, pâtisserie, super-marché, grand-magasin, centre commercial, librairie
- 우체국 · 은행 · 환전소: poste(PTT), envoyer, carte postale, paquet, timbre, banque, change, échanger
- 알림: annonce
- 전화 · 이메일 · 인터넷: courriel, mél, sms, internet
- 여가 · 오락: CD, TV
- 일상생활 · 생활용품: aspirine, brosse à dent, dormir, douche, savon, serviette, shampoing, vêtement

• 축제: fête, Noël
　　• 기타: laisser

이 가운데 CECR의 A1.1이 제시하는 100단어 어휘표에서 선정된 단어들은 다음과 같다.

- 주제별 어휘표에서 선정된 단어

　• 교통 및 숙소, 관광: accueil, aller-retour, arrivée, autobus, bagages, centre-ville, change, contrôle, correspondance, exposition, fumeur(non-fumeur), paquet, réception, service, valable, voie

이 단어들은 실제 발화 상황이 아니더라도 기차역·전철역·호텔·거리에서 발견하게 되는 단어들로서 의미를 알지 못하면 상황에 대처할 수 없게 된다. 예를 들어, 시내 중심가로 가고자 한다면 'centre-ville'을 알아야 하며 지하철 티켓 사용 시에는 'valable'라는 어휘를 알고 있을 필요가 있다. 또 'accueil', 'réception'을 모른다면 기차역이나 호텔에서 안내받아야 할 곳을 찾기 어렵다. 'aller-retour'는 기차표를 구매할 때 반드시 필요한 단어이므로 선정하였다.
　다음 단어들은 일상생활에서 필요한 단어들이다. 일상생활은 한국에서뿐만 아니라 프랑스에서도 이루어지는 것이므로 생활에 필요한 기본 단어라고 생각하여 선정하였다.

　• 일상생활 용품: brosse à dent, savon, serviette, shampoing, chausssette

- 식생활: apéritif, assiette, céréale, couteau, cuillère, fourchette, salé
- 쇼핑: centre-commercial, chariot, courses, taxe
- 주택: escalier, éteindre

특히 식생활과 관련된 단어들은 일상생활뿐만 아니라 프랑스의 음식문화와 관련되므로 학습할 필요가 있다. 또 쇼핑과 주택에 관한 단어 역시 한국의 일상생활에 비추어 필요한 단어라고 생각되어 선정하였다.

다음 단어들은 인터넷 및 휴대전화와 관련된 단어로서 학습자들의 관심분야와 관련되며 학습자들의 일상생활과 밀접한 관련이 있으므로 추가하였다.

- 인터넷 및 전자기기: mél, sms

다음 단어는 프랑스의 사회문제와 관련된 것으로서 학습자들의 관심이 높다고 생각하여 추가하였다.

- 사회생활: banlieue, chômage

학습자들은 파리 교외 지역에서 벌어진 이민 3세대의 소요사태를 알고 있으며 실업은 한국 학습자들에게도 주요 관심사이다.

기타 'aspirine' 역시 필요하다고 생각되어 추가하였다. 범주를 포괄하는 'médicament'보다 의미가 구체적이며 사용할 가능성이 높은 단어이기 때문이다.

- CECR A1.1의 사용빈도가 가장 높은 100단어 어휘목록에서 선정
  된 단어

contraire, corps, endroit, entier, faux, fond, hors, large, mal, moitié, neuf,
ordre, partager, point, reprendre, seconde, vide

원어민들의 사용빈도가 높은 단어들은 지금 당장 우리 학습자들에
게는 필요하지 않은 것으로 보이더라도 실제 언어사용 상황에서는
필요하게 될 가능성이 높다. 따라서 우리 학습자 입장에서는 대기성
(disponibilité)을 가진 단어[115]로서 학습할 필요가 있다. 그러나 100단
어 어휘표 가운데 'esprit', 'réel', 'sens'는 추상적인 의미를 가진 단어로 사
용이 어려우므로 제외하였으며, 'coup', 'état', 'paraître', 'parole', 'remettre',
'son'은 상대적으로 사용빈도가 낮다고 생각되어 제외하였다.

개정 교육과정의 프랑스어 어휘는 제7차 교육과정의 어휘에 비해
약 100단어 이상이 증가한 것이므로 학습량이 늘었다. 따라서 상대적
으로 필요성이 적다고 생각되는 단어들을 제외하였다.

예를 들어 다음과 같은 단어들을 제외하였다.

① 문법어로서 사용빈도가 높지 않은 단어: celui, celle 등
② 대치할 수 있는 어휘나 표현이 있는 단어: auto(mobile) →
   voiture, bise → bisou, (avoir) envie (de) → vouloir, adorer →
   aimer beaucoup, (J'aime la) danse → (J'aime) danser, offrir →
   donner, magnifique → beau, opinion → avis, délicieux → bon,
   préférer → aimer mieux 등

---

115) 대기성을 가진 단어란 언어 공동체가 모두 알고 사용할 수 있는 단어인데 실제 발화빈도가 높지 않
아 빈도만을 고려해 어휘목록을 작성했을 때 누락될 수 있는 단어이다(Galisson et Coste, 1976:159).

③ 범주를 포괄하는 단어로서 발화 빈도가 높지 않은 단어: animal, art, médicament 등
④ 사회적 변화에 따라 많이 쓰이지 않게 된 단어: cassette → CD, chèque → carte 등
⑤ 기타 앞에 제시한 의사소통 기능에 비추어 사용빈도가 낮다고 생각되는 단어: bois, doigt, chemin, chimie, classique, cochon, découvrir, révolution, roman, route, sécurité, succès, vendange, voeu, zoo 등116)

이와 같은 방식으로 어휘를 선정한 결과, 학습 어휘 수는 제7차 교육과정의 프랑스어 I 과목에서 제안하는 것과 같은 수준으로 406개였다. 따라서 시간당 학습 어휘 수는 약 4.5개로 현행과 같은 수준이다. 그러나 어휘산정에서 형태가 같은 단어라도 문법적 기능이 다른 경우는 개별 단어로 산정하고, 제시하는 기수 전부를 개별 단어로 산정하였으며, 단지 단수의 복수 활용, 기수의 서수 활용만을 동일한 단어로 산정하는 방식을 택하였으므로 실제 학습 어휘 수는 현행 교육과정보다 축소된 것이다.117)

---

116) 'bois', 'zoo' 등과 같이 매우 단순하고 쉬운 단어의 경우, 고등학교 어휘목록에 포함하는 것과 관련된 딜레마가 있다. 이와 같은 어휘는 발화빈도가 낮더라도 원어민이라면 누구나 알고 있는 단어지만 이러한 단어를 모두 목록에 포함했을 경우, 학습 내용이 고등학생들의 인지 수준과 맞지 않게 된다. 그러나 이러한 단어를 모두 제외하는 것도 문제이다. 학습 내용이 지나치게 어려워질 수 있는데다가 어휘는 쉬운 것에서 어려운 것 순으로 제시하는 것이 일반적이기 때문이다.

117) 어휘 수는 다음과 같은 방식으로 산정하였다.
① 형태가 같은 단어라도 문법적 기능이 다른 경우, 개별 단어로 산정한다.
② 명사와 형용사의 단수, 복수 형태는 하나의 단어로 산정한다.
③ 정관사, 부정관사는 성수 변화와 관계없이 각각 하나의 단어로 산정한다.
④ 형용사의 부사 변화형은 개별 단어로 산정한다.
⑤ 서수 형용사는 개별 단어로 산정하지 않는다.
⑥ 인명, 지명, 상표명 등의 고유명사는 새로운 단어로 간주하지 않는다.
또, A1.1이 나와 나의 주변에 관한 발화로만 한정되므로 강세형 인칭 대명사는 1인칭과 2인칭만 제시하였으며, 숫자의 경우 0~16 그리고 100까지 숫자 가운데 10단위 숫자만 학습 어휘에 포함시켰다.

문법

프랑스어 학습자의 오류분석에서 형태 통사적 오류가 차지하는 비율은 34%에 이르러 발음 오류 다음으로 문법 오류가 많음을 알 수 있었다. 문법은 다른 언어 재료와 비교하면 학습자의 요구가 높지 않은데, 이것은 학습자가 문법을 재미없고 따분하다고 생각하여 가능한 한 학습을 꺼리는 경향을 반영하는 것이다. 또 현행 교육과정이 의사소통 기능을 중시함에 따라 그간 문법 교육을 소홀히 한 데도 그 원인이 있다.[118] 그러나 문법 교육이 소홀히 되었다고 해서 무조건 문법을 많이 제시하는 것은 바람직한 해결책이 아닐 것이다. 문법은 앞서 제시한 의사소통 과제와 관련된 것으로 정해진 수업시간 안에 학습이 가능한 양으로 제시되어야 할 것이다.

개정 교육과정에서는 다음과 같은 문법사항을 제외하고 있다.

① 직설법 대과거, 단순과거, 전과거, 단순미래,[119] 전미래
② 명령법 과거

118) 교육과정의 변화에 따라 학습해야 할 문법의 양은 줄어들었다. 즉, 제한 문법 사항이 확대된 것인데 이것 또한 교육과정이 문법교육을 소홀히 하고 있다는 방증으로 받아들여지기도 했다.

<교육과정별 제한 문법사항>

5차	6차	7차
1) 단순과거, 전과거 2) 접속법 반과거, 대과거 3) 조건법 과거 2형	1) 단순과거, 전과거, 전미래 2) 명령법 과거 3) 공손한 표현 용법을 제외한 조건법 4) 접속법 5) 제롱디프를 제외한 분사구문	1) 직설법 대과거, 단순과거, 전과거, 전미래 2) 명령법 과거 3) 공손한 표현 용법을 제외한 조건법 4) 접속법 5) 제롱디프를 제외한 분사구문

119) 밑줄은 제7차 교육과정에서는 제외문법이 아니었다가 개정 교육과정에서 새로 제외문법에 포함된 문법사항을 의미한다.

③ 공손한 표현 용법을 제외한 조건법
④ 접속법
⑤ 제롱디프를 제외한 분사구문
⑥ 수동태
⑦ 관계대명사

이는 제7차 교육과정에 비해서도 더 축소된 것이나 학습자가 실천할 수 있는 의사소통 과제에 비해서 여전히 많은 것으로 여겨진다.

그러면 어떤 문법을 얼마나 학습해야 하는지 앞서 결정된 의사소통 과제를 바탕으로 프랑스어 I 에서 학습해야 할 문법사항을 결정해 보겠다. 각 의사소통 과제에 필요한 문법 사항을 형태론과 통사론의 관점에서 추출해 보면 다음과 같다.

<표 30> 프랑스어 I 문법[120]

의사소통 과제	형태론	통사론
인사, 안부	주격인칭대명사 je, tu, vous 동사 aller 현재 강세형 인칭 대명사	평서문: 주어+동사+(보어) 평서문을 이용한 의문문 comment를 이용한 의문문
소개(이름)	의문사 qui 지시형용사 ce(cet), cette, ces 소유형용사 mon, ma, mes 동사 être, s'appeler 현재	comment를 이용한 의문문 qui를 이용한 의문문 Voilà+명사 구문
직업	동사 travailler, faire 현재 부정관사 un, une, des 전치사 dans 명사의 성, 수	qu'est-ce que 주어+동사 의문문

---

120) 의사소통 기능이 달라도 같은 품사의 단어나 문장형태가 사용될 수 있다. 이 경우 일일이 다시 적지 않고 한 번씩만 언급하기로 한다. 단, 비인칭 주어 il과 비인칭 구문은 두 번 언급되었는데 이는 요일, 날짜, 시간에 사용된 것과 날씨에 사용된 것을 구분하기 위해서이다. 또 의사소통 기능 가운데 어휘 학습으로만 그 목적을 달성할 수 있는 기능, 예를 들어 지하철 노선도 보기 등에서는 학습할 문법요소가 추출되지 않았으며 광고문, 알림의 이해 등과 같이 어휘를 중심으로 정보획득을 목적으로 설정한 의사소통 기능에서도 문법요소를 따로 추출하지 않았음을 밝힌다.

국적	주격인칭대명사 il(s), elle(s)	
나이	동사 avoir	avoir+무관사 명사
거주지	동사 habiter, se trouver 현재 전치사 à, en, de	où를 이용한 의문문 주어+동사+상황보어
확인, 동의	의문사 Pourquoi	Pourquoi pas?
부인, 반대	동사 croire, penser, savoir	부정문 ne~pas
감사와 응대	동사 remercier	Je vous remercie. (관용적 표현으로 취급)
사과와 응대	동사 s'excuser	Excusez-moi. (관용 표현으로 취급)
감각적 느낌	동사 avoir 현재 품질 형용사의 성, 수	avoir+무관사 명사 구문 être+형용사 구문
기호와 관심	동사 aimer, s'intéresser 현재 정관사 le, la, les	주어+동사+목적어
요일, 날짜, 시간	의문 형용사 quel 비인칭 주어 il 기수 지시 대명사 ce	quel을 이용한 의문문 비인칭 구문
날씨	비인칭 주어 il 동사 faire, pleuvoir, neiger 현재	비인칭 구문
사람 맞이하기	동사 entrer, s'assoir 현재	명령법(관용 표현으로 취급)
식사하기, 주문하기	동사 vouloir, manger, finir 현재 과거분사 mangé, fini 등 부분관사 du, de la, de l'	Je voudrais⋯ 조건법 (관용 표현으로 취급) 복합과거
물건 사기	의문사 combien 동사 accepter 직접 목적보어	combien을 이용한 의문문
약속 정하기	부정대명사 on, 동사 se voir 현재	où를 이용한 의문문
길 묻기	의문사 où 동사 tourner, 부사 tout 서수	명령법, Il y a+명사 구문
티켓 사기	동사 acheter 현재 직접목적 보어 대명사	
주소 읽기, 지도 보기		Il faut+inf 구문
지하철 노선도 보기	약어	
간단한 메모, 이메일 쓰기		복합과거: 주어 avoir+p.p.
우체국 가기	동사 envoyer 현재 동사 devoir 현재	주어 devoir+inf

환전소, 은행가기	동사 échanger 현재 동사 ouvrir 현재 전치사 en	

이 표에 나타난 결과를 바탕으로 학습자들이 학습해야 할 문법사항을 정리하면 다음과 같다.

① 시제: 현재(긍정, 부정, 의문), 복합과거(긍정, 부정, 의문)
② 법: 직설법, 명령법(현재)
③ 태: 능동태
④ 품사: 주격인칭대명사, 강세형인칭대명사, 비인칭대명사(il), 부정대명사(on), 지시대명사, 지시형용사, 품질형용사, 소유형용사, 직접목적보어대명사, 1군동사, 2군동사, 3군동사, 대명동사, 비인칭동사, 과거분사, 부정관사, 정관사, 부분관사, 의문대명사, 의문형용사, 의문부사, 전치사, 수사(기수와 서수), 고유명사
⑤ 성과 수

이와 같은 내용은 개정 교육과정의 제외 문법 이외에도, 간접목적보어대명사, 부정형용사, 중성대명사가 제외되고, 문장형태에서는 강조구문, 감탄문, 비교문, 제롱디프가 제외된 것이다. 이것은 의사소통 과제에서 표지판, 광고, 간판, 약어 등의 이해를 강조하고 지도 보기, 지하철노선도 보기와 같은 이해 기능을 강조한 결과 어휘는 많이 필요하게 되었지만, 문법적 기능은 많이 필요하지 않게 된 때문이다. 시제로는 미래를 제외하였는데, 이는 고등학생 수준의 간단한 발화에서는 현재시제로 미래시제를 대치하여 의사소통할 수 있다고 판단하였기 때문이다.

문법을 더 축소하는 것에 대해서 많은 교사가 반대하고 있다. 고등학교 수준의 학습자라면 최소한 알아야 할 문법들이 더 제외되는 것

은 교육적인 측면에서 바람직하지 않다는 것이다. 그러나 학습시간과 학습자가 습득하여 발화할 수 있는 의사소통 기능을 고려한다면 많은 문법이 필요한 것은 아니다. 따라서 적은 양의 문법을 공부하되 발음이나 어휘와 마찬가지로 정확하게 알도록 해야 할 것이다. 또 필요한 문법 내용을 결정하고 제시하기 위해서 교육과정은 지금과 같이 제한 문법사항을 제시할 것이 아니라 '시제로는 현재, 복합과거를 다룬다'와 같은 방식으로 모든 사항에 대해 구체적인 진술을 하는 것이 나아 보인다.

문화

제7차 교육과정은 의사소통 능력의 함양을 목표로 하고 외국어를 배워 실제로 사용할 수 있는 능력의 습득에 초점을 두고 있다. 이 과정의 문화란 초기 교육과정에서 주로 의미하던 교양 차원이나 추상적인 의미로서의 문화의 범위를 넘어, 일상생활 문화를 비롯하여 더 구체적이고 언어 발화상황에 적용할 수 있는 언어문화로까지 범위가 확대된 의미로서의 문화이다. 그러나 여전히 문화에 대한 정의를 내리기는 어렵고 고등학교 수준에서 다루어야 할 문화 내용을 구체화하기도 어렵다. 문화는 학습자들이 주어진 과제를 실행하는 데 반드시 필요한 요소이다. 그렇다면 학습자들이 배워야 할 문화는 무엇일까? 현행 프랑스어 I 교과서를 분석한 결과 문화 내용은 주로 프랑스 하면 떠올리게 되는 고정관념이나 선입견에 존재하는 항목을 위주로 제시되는 경우가 많음을 알 수 있었다.[121] 이러한 내용을 학습하는

---

121) 예를 들어, 개선문과 에펠탑은 6종 교과서에서 모두 언급하고 있으며 센 강, 루브르 등도 5종 교

것만으로는 학습자들이 효율적인 언어 사용에 이를 수 없다. 따라서 문화 내용은 학습자의 관심과 흥미를 반영하되 학습자들이 과제수행과 언어 사용에 적용할 수 있는 항목으로 구성되어야 할 것이다.

문화항목의 결정을 위해서는 Galisson의 문화 분류[122]를 주로 하고 CECR의 목록과 개정 교육과정을 참고하였으며 다음과 같은 사항이 고려되었다.

첫째, 프랑스에 대해 객관적인 시각을 가질 수 있도록 인구, 종교, 주변 국가 및 이민, 프랑코폰 등의 요소를 도입하였다.

둘째, 과거의 문화가 아니라 현재의 문화를 알 수 있도록 현재 프랑스에서 일어나는 일, 공휴일, 기념일, 축제, 취미와 여가, 유명인 등의 요소를 도입하였다.

셋째, 어휘 학습과 연계를 할 수 있도록 어휘목록에 제시하였던 표지판, 간판, 약어 등의 요소를 도입하였다.

넷째, 앞서 언급한 문화항목들을 가능한 한 고르게 선정하되 난이도에 대해서는 크게 고려하지 않았다. 문화 내용의 교수·학습은 주로 모국어로 이루어지기 때문이다.

문화항목은 다음과 같이 결정하도록 하겠다.

1) 개인 생활 및 일상생활 문화

고등학생들이 알아야 할 문화요소로 개인생활 문화와 일상생활 문

과서에서 제시하고 있다.

122) Galisson은 문화를 크게 상징 문화태(culture symbolique)와 행위 문화태(culture en action)로 나누었다. 상징 문화태는 정치·경제·문화·환경·예술 등 주로 무형의 문화유산 및 가치 그리고 자연환경을 의미하며 행위 문화태는 일상생활·사고방식·가치관·행동양식과 관련된 보다 구체적이고 개인과 직접적으로 관련된 문화를 의미한다(1988:84). Galisson의 분류는 제2장의 요구조사를 위한 설문지 작성 시 참고한 것이므로 일관성을 위하여 여기서도 이 분류를 주로 따르기로 한다.

화를 가장 우선순위에 둘 수 있다. 학습자들의 관심은 문화유산으로 대표되는 상징문화보다는 목표어를 사용하는 사람들의 행동 양식, 삶의 방식과 관련된 행위문화에 있는데 그 가운데에서도 특히 개인 생활과 일상생활 문화가 주된 관심사이다.123) 현행 교과서에서 가장 많이 소개하고 있는, 프랑스 하면 떠올리게 되는 정형화된 이미지(stéréotypes)와 관련된 문화, 즉 과거의 문화유산보다는 현재의 프랑스와 프랑스어를 구사하는 사람들의 생활과 사고방식이 더 중요하고 흥미롭게 느껴지기 때문이다. Porcher(1982:48)는 문화교육을 하기 위해 특별히 연구하지 않아도 사용할 수 있는 정해진 주제들이 있다고 주장하면서, 모든 문화에서 나타나는 보편적 문화 양상들, 즉 의식주·가족생활·주거·직업·학교제도·여가·청소년 등을 그 예로 들고 있는데, 이러한 주제들이 주로 생활 문화와 밀접한 관련이 있다는 사실을 생각해보면 개인 생활 및 일상 생활문화는 가장 중요한 문화교육의 내용이 된다고 할 수 있다. 따라서 이 항목을 가장 우선순위에 두고자 한다.

2) 상징문화

상징문화는 사회문화와 환경문화를 포함하며 목표어를 사용하는 국가의 정치, 경제, 지리, 사회, 교육 전반, 교통 등에 관련된 것으로 역사적인 사실과 문화유산도 여기에 포함된다. 일반적으로 교과서에

---

123) 제2장의 설문조사에서 일상생활 문화에 대한 요구가 가장 높았다. 그런데 행위 문화태가 생활문화, 개인생활 문화, 일상생활 문화, 가족생활 문화, 사회생활 문화, 통신 문화 등으로 세분되어 학습자들이 언급한 일상생활 문화가 다른 문화개념들, 특히 개인 생활 문화와 혼동되거나 이를 포함하는 의미로 해석된 것으로 여겨진다. 그러므로 포괄적으로 학습자들의 요구가 상징문화보다는 행위문화, 그 가운데에서도 개인 생활 문화와 일상생활 문화에 있는 것으로 보고 논의를 진행하도록 하겠다.

서 가장 많이 다루어진 문화 항목이라고 할 수 있지만, 이 가운데에서 프랑스의 이미지와 직결되는 기념물, 문화유산에 관련된 항목은 많이 다루어졌지만, 인구·종교·위치·주변국·제도 등의 항목들은 소홀히 된 면이 있다. 이 항목들은 모두 목표어 사용 국가에 대한 기본적인 정보로서 학습자들의 원활한 언어 사용에 도움이 되는 주제들이다. 교양적인 측면에서뿐만 아니라 학습자들의 지적 수준의 고양을 위해서도 이러한 항목들은 강조될 필요가 있다.

3) 언어문화

사회, 문화적 맥락에서 언어 의미를 이해하고 사용할 수 있는 능력인 사회, 언어적 능력(compétence socio-linguistique)을 향상시키기 위해서 언어생활 문화에 대한 이해는 필수적이다. 언어문화는 목표어를 사용하는 사람들이 언어를 사용하는 방식, 사회적인 표현 방식 등을 의미하는 것으로, 이것을 이해했을 때 언어사용은 사회적 맥락에서 타당하고 합당한 것이 된다. 예를 들어, 언어 사용 맥락을 잘 몰라 누구에게나 'Salut!'라고 인사하거나 자신의 요구를 표현할 때 'Je voudrais' 대신 항상 'Je veux'를 사용하는 학습자가 있다고 가정해 보자. 이 때문에 대화 상대자가 불쾌감을 느끼거나 한다면 발화자는 본인의 의도와 상관없이 무례한 사람으로 오해받을 수 있다. 이것은 한국어 학습을 시작할 때 반말로 배워 누구에게나 반말을 하는 외국인을 보았을 때 우리가 느끼는 감정과 비슷할 것이다.

4) 한국 속의 프랑스어

프랑스어 수업시간에 다룰 문화 내용이 반드시 프랑스 문화이어야 할 필요는 없다.[124] 우리나라의 여러 분야에서 프랑스어가 사용되고 있고 이것이 프랑스어 교육에 어떤 영향을 미치고 있다는 점에서 하나의 문화현상으로 규정하고 문화적인 관점에서 접근해 볼 수 있다. 짧은 시간이라고는 하지만 프랑스어를 배운 학습자가 한국에서 흔히 사용되는 프랑스어를 잘 모른다는 것은 매우 안타까운 사실이다. 우리나라에서 사용되는 프랑스어의 뜻을 알고 그것을 사용하게 된 배경을 이해하게 된다면 이 또한 문화를 이해하는 데 큰 도움이 될 것이다.[125]

5) 기타

일반계 고등학교 학습자들 가운데에도 프랑스의 미술이나 음악, 요리 등의 분야에 대한 관심으로 프랑스어를 선택한 학습자들이 있다. 예술 고등학교나 실업계 고등학교의 학습자들 역시 자신의 학업이나 전공과 관련된 분야에 대해 알고 싶어한다.[126] 따라서 학습자들이 개별적으로 관심을 가질 수 있는 분야, 예를 들어 프랑스의 문학, 음악, 미술, 과학 등으로 영역을 확대할 필요가 있으며, 영화, 박물관, 관광, 소믈리에, 제과제빵 등 구체적인 직업영역과 관련된 분야에 대

---

124) 이와 관련하여 문화에 대해 변화된 개정 교육과정의 태도를 살펴보도록 하겠다. 개정 교육과정 프랑스어 I 의 총괄목표는, '일상생활과 관련된 기초적인 프랑스어를 이해하고 표현할 수 있으며 프랑스어권 사람들의 문화를 올바로 이해한다'로 명시되어 있다. 또 해설서(고등학교 교육과정 해설 12, 2008:67-68)에서는 '문화의 경우는 다문화 시대라는 시대적 특성을 고려하여 프랑스 사람들의 문화에 한정하지 않고 그 범위를 프랑스어권 전체를 대상으로 설정하였다'고 밝히고 있다.

125) 영국의 예비 프랑스어 교사를 위한 문화 교육항목도 '세계 속의 프랑스(La France dans le monde)'라는 항목을 두고 있다. 이는 단순히 어휘 수준의 언어 사용만을 의미하는 것이 아니라 세계 속에서의 프랑스의 위상, 프랑스와 관련된 정치·경제·언어 모든 면을 포괄하는 개념이나 고등학교에서는 우리나라에서 사용되는 프랑스어만이라도 이해한다면 문화이해 목표에 한 발 더 다가섰다고 할 수 있을 것이다.

126) 이와 관련하여 한국 프랑스어 교사협회 회원 가운데 예술 고등학교에서 근무하는 교사는, 예고 학습자들과 관련된 문화어가 하나도 제시되지 않은 것은 현행 교과서의 문제점이라고 지적하였다. 본 연구는 일반계 고등학교에서의 교수·학습에 관한 연구를 주목적으로 하나 이들 전문계열의 고등학교가 일반계 고등학교와 같은 교과서를 사용하고 있으므로 언급하였다. 프랑스어를 선택하고 있는 전문 계열 고등학교로는 서울 예술고등학교, 조리 과학고(경기도) 등이 있다.

해서도 제시할 필요가 있다.127) 학습자들이 알고자 하는 것은 각 분야에 대한 전문적인 정보가 아니므로 간단한 소개 수준에서 정보를 제공하여 안목과 시야를 넓히도록 하는 것이 바람직하다.

앞에서 제시된 네 가지 기준에 따라 결정된 문화항목은 다음과 같다.128)

<표 31> 프랑스어 I 문화 내용

문화의 분류		문화항목
상징문화태	사회 문화 - 정치 - 경제 - 사회 - 교육 - 교통 - 복지 - 계층문화 - 문화유산 - 민족성	1) 국기, 국가, 인구, 종교, 위치 및 주변국가 2) 교통: 지하철, 버스, 기차, T.G.V. 유로스타, 센 강 유람선, carnet, navigo, vélib 3) 공휴일 및 기념일: 설날, fête des rois, 부활절, 노동절, 혁명기념일, 만성절, 성탄절, réveillon 4) 박물관 및 미술관: 루브르, 오르세, 퐁피두센터, 그랑팔레, 피카소 박물관 5) 기념물 및 건축물: 에펠탑, 개선문, 신개선문, 노트르담, 몽파르나스 타워, 샤이오 궁전, 베르사유 궁전 6) 거리, 구역: 생제르맹 데 프레, 카르티에 라탱, 몽마르트르, 샹젤리제, 콩코드 광장, 샤틀레 레 알, 보쥬 광장, 라데팡스 7) 샹송 8) 영화, 영화제(칸), 연극 페스티벌(아비뇽), 만화 축제(앙굴렘, 안시) 9) 도시: 파리, 리옹, 투르, 보르도, 마르세유, 낭트, 니스, 칸 10) 프랑스의 유명인: 사르코지, 지네딘 지단, 소피 마르소, 파트리시아 까스, 제라르 드 빠르디유, 이자벨 아자니, 프랑수아 아르디, 쥘리에트 비노슈, 셀린 디옹 11) 이민 12) 프랑코폰

---

127) 실제로 언어는 문화의 한 요소로 문화의 하위 범주에 속하지만, 학교의 외국어 교육에서는 언어가 문화의 우위에 있다. 그러나 교수·학습 과정에서 언어는 그 자체가 목적이 아니라 문화적으로 기능하기 위함이 목적이라는 사실을 염두에 두어야 한다(Galisson, 1998:273-274 참조). 따라서 학습자들의 이러한 욕구도 만족시킬 필요가 있을 것이다.

128) 표는 중요하게 다루어져야 할 우선순위와는 관계없이 Galisson의 구성방식을 따랐다.

	환경 문화 - 환경 - 환경에 대한 태도, 인식	13) 기후와 날씨 14) 계절 15) 지중해, 대서양, 코르시카
상 징 문 화 태	언어 문화 - 언어를 쓰는 방식, 사회적 표현 방법 - 소개 - 인사법 - 호칭 - 존댓말 - 대화 표현법 - 속담, 격언 - 유머, - 제스처	16) 호칭(tu/vous) 17) 인사할 때의 제스처(악수, bisou) 18) (공공장소에서) Pardon, Excusez-moi, S'il vous plaît 사용 19) 공손한 말투(Je voudrais…) 20) 우리나라에서 사용되는 프랑스어 - 상표: Art de peau, La neige, Lac vert(화장품), Tous les jours, Paris bagette, Paris croissant(빵집), Ecole, Figaro(패션잡지), Cuisine(요리잡지), Maison(주택, 인테리어 잡지), Mon ami(볼펜), Enfant(아동복, 치즈) - 외래어: atelier, baguette, ballet, bâton, bouquet, buffet, cabaret, café, café au lait, cafétéria, concours, coup d'Etat, crayon, croissant, dessin, discothèque, encore, enquête, épilogue, genre, fanfare, menu, parasol, restaurant, salon, silhouette, prologue, vacances - 패션 관련 용어: chic, femme, homme, madame, mademoiselle, ensemble, haute-couture, prêt-à-porter
행위 문화태	생활 문화 - 행위의 규칙과 가치	21) 종교: 성당, 교회, 이슬람 교회, 불교 22) 거주지: 개인 주택, 아파트, 스튜디오, 기숙사(층, 내부구조, 덧문) 23) 거주지역: arrondissement, 좌안과 우안
	개인 생활 문화 - 취미·관심· 기호 - 자신의 견해	취미와 여가: 24) 텔레비전 - La Cinq, France 2, France 3(FR3), M6, TF 1, TV 5 25) 라디오 - Europe 1, France Culture, NRJ, R.T.L., France info 26) 신문과 잡지 - France-soir, Le monde, Libération, Elle, Express, Paris Match, Vogue 27) 스포츠, 스포츠 센터, 공원, Tour de France, 축구, 월드컵 28) (한국학생들의) 관심: vin, sommelier, pâtissier, pâtisserie, boulanger, boulangerie, Beaux-arts, tourisme, gourmet, Cordon bleu, science, la Villette, Conservatoire, musée

		29) 줄임말
	일상생활 문화 - 사고방식, 일상행위규칙 - 인생관·가치관 - 시간 준수 - 대화, 방문, 작 별, 선물 예절	- T.G.V., RER, TF1, EDF, GDF, SNCF, RATP 30) 표지판: Interdit, Entrée, Sortie, Soldes, Toilettes 등. 31) 간판, 상표: FNAC, la Fayette, la Samaritaine, le Printemps, Casino, Champion, Carrefour, BNP, la Société Général e[129) 32) 음식과 식사: 식습관, 식사시간, 음식과 음료(baguette, Bordeaux, café, céréale, champagne, crêpe, croissant, escargot, fromage, vin 등), 식사예절, 식당(bistro, brasserie, restaurant, cantine, 패스트푸드점), 식당 종류에 따른 주문방법 33) 초대와 방문, 선물하기 - 방문시간
	사회생활 문화 - 학교생활(친구, 교사, 급우 관 계, 동아리 활동) - 사회제도, 규범, 가치관	34) 공부(과목)와 시험(횟수, 방법, 기간) 35) 방학의 종류 및 기간 36) 일과(등·하교 시간, 점심시간, 과목당 수업시간 등) 37) 학급당 인원수 38) 축제와 파티 39) 학교제도, 대학 및 대학진학, 그랑제콜, 바칼로레아
	통신 문화 - 전화, 편지, 인 터넷, SMS, 메 일, 채팅	40) 휴대전화, SMS 41) 인터넷, 이메일

교수요목

　그러면 다음으로는 이렇게 결정된 언어 재료를 바탕으로 실제 교수·
학습에 적용할 수 있는 교수요목은 어떻게 구성될 수 있는지 논의해 보
도록 하겠다. 교수요목은 대과제 '여름방학에 한 달간 파리로 어학연수
를 간다면'이라는 과제를 수행하기 위해 결정된 하위과제들을 유기적으
로 연결함으로써 완성될 수 있다. 하위과제들은 파리에 어학연수를 갔
을 때 이루어져야 할 여러 가지 행위를 목록화한 것이다. 따라서 단원은

---

129) 줄임말과 표지판, 간판, 상표의 경우 언어문화로도 분류할 수 있으나, 약어의 경우 일상생활에서
　　널리 사용되고 그 의미 자체가 프랑스인들의 행위 규칙 및 가치와 관련된 문화적 요소를 포함한
　　다고 생각하여 생활문화로 분류하였다.

이 과제들을 중심으로 구성된다. 먼저 수업시간을 90시간으로 보고 단원을 10개로 나눈 다음 단원별로 9시간을 부여하였다. 따라서 과제는 학습자의 체류기간인 한 달 내에 이루어지는 행위 가운데 10가지를 시간 경로에 맞추어 선정한 것이다. 프랑스어 I 에서 학습자들이 수행해야 할 행위과제의 구체적 시나리오를 만들어 보면 다음과 같다.[130]

<표 32> 프랑스어 I 행위과제 시나리오

단원	시간	행위 과제
0	2	철자 및 발음
1	9	(공항→파리 시내 홈스테이 찾아가기) 샤를 드골 공항 도착, 공항에서 파리 시내로 이동 샹젤리제 거리 George V역 근처의 홈스테이 가정에 도착
2	9	(홈스테이 사람들과 인사, 소개) 홈스테이 가정의 주인, 머물고 있는 사람들과의 만남. 방을 배정받고 숙소생활에 관한 안내를 들음
3	9	(학교 등록) 아침 식사 후에 St. Placide 역 근처의 Paris Alliance Française를 찾아가 등록하고 교실과 시간표를 확인
4	9	(식사와 견학) 수업이 끝난 후 같은 반 친구와 구내식당에서 식사, Sorbonne 대학을 견학하러 감. Luxembourg 공원 산책
5	9	(필요한 물건 사기) 일상생활과 학교생활에 필요한 물건을 사러 나감 Châtelet-les-Halles역 근처의 쇼핑몰과 FNAC에서 필요한 물건을 구매
6	9	(루브르박물관 관람) 같은 반의 일본인 친구와 약속을 정하고 루브르박물관에 감
7	9	(한국의 가족과 친구에게 안부 전하기) 한국의 부모님에게 전화하고 친구에게 이메일을 보냄, 오르세박물관에 감

---

130) 무엇을 어떻게 가르칠 것인가와 관련하여 의사소통적 접근을 처음 시도한 MAV 이후, 교재의 단원은, 'A la poste', 'Dans la rue', 'Au café'(*Voix et Images de France*, 1961)와 같이 '~에서'라는 제목으로 구성되었는데, 이것은 단원이 구성되기 위해서는 서로 논리적 연결성(cohérence)을 가진 장소·시간·인물·주제, 즉 대화의 상황이 필요하다(Puren, 2004:5)는 것을 의미한다. 그런데 이 것은 학습자들이 수행할 행위과제 시나리오 작성에서도 마찬가지라고 생각된다. 그러나 행위과 제 시나리오의 차이는 단지 언어사용을 의미하는 대화만을 강조하지 않고 행위목표를 달성하는 데 필요한 모든 행위적 요소까지도 고려한다는 점이다.

8	9	(은행이나 환전소에서 환전하기) 홈스테이 근처의 환전소에서 여행자 수표를 유로로 환전, 홈스테이 가정에서 저녁식사
9	9	(여행계획 세우기) 프랑스 지방 여행 계획 짜기, 지도를 보고 프랑스의 도시를 살펴봄. 지역 정보 와 날씨, 파리의 기차역, 기차 시간을 알아봄.
10	9	(프랑스 지방여행) Montparnasse역에서 기차 시각표 확인, 기차표 구매, 기차를 탐

이와 같은 시나리오를 바탕으로 각 단원의 구체적 학습 내용을 결
정할 수 있다. 앞선 논의에서 이미 각 과제를 바탕으로 과제수행에
필요한 언어 재료를 선정하였으므로 각 언어 재료를 과제에 맞추어
각 단원에 배정하도록 하겠다.

언어 재료의 배치는 어떤 상황에서 어떠한 표지나 말을 이해해야
하며 어떤 의도를 가지고 어떤 발화를 해야 하는가 하는 점에 맞추어
이루어진다. 이때 학습자가 초보자인 점을 고려하여 가능한 한 간단
하고 너무 어렵지 않은 표현들이 학습의 대상이 되도록 해야 할 것이
다. 또 어휘와 문법은 이러한 발화에 필요한 것들로 제시해야 하며,
문화 내용도 과제수행과 연관성을 가지는 것으로 가능하다면 언어적
학습 내용과도 관련이 있는 것으로 제시해야 한다.

이러한 사항을 바탕으로 프랑스어 I 교수요목을 구성해 보면 다음
과 같다.

<표 33> 프랑스어 I 교수요목

단원	교수·학습 내용
0	학습 목표: 프랑스어와 친숙해지기 학습 내용: 알파벳, 철자부호 문화: 프랑스 국기, 국가, 인구, 종교, 위치 및 주변 국가
1	**(공항 → 파리 시내 홈스테이 찾아가기)** **의사소통 과제:** 지하철 타기, 노선도 보기, 표지판 이해, 주소 읽기 **의사소통 기능:** 표 사기, 길 묻기, 감사하기 (Je voudrais) un ticket, s'il vous plaît! Excusez-moi. C'est où? Où est la rue Balzac? Merci / Merci beaucoup / Merci bien. **언어행위 요소** - 표지판 읽기: Entrée, Sortie, Interdit, Correspondance - 주소 읽기: 55, rue Victor Hugo 21, Bd Saint-Michel 5, Av des Champs-Elysées 4, place d'Italie - 지하철 노선도[131] 읽기(주요 역 찾기): Gare du Nord, Gare de l'Est, Châtelet-les-Halles, Charles de Gaulle-les Etoiles, Georges V 등 **어휘:** beaucoup, bien, correspondance, entrée, est, excusez-moi, je, interdit, merci, métro, où, rue, s'il vous plaît, sortie, ticket, un, voudrais **문법:** Je voudrais 구문(관용적 표현) **문화:** 파리의 지하철, RER, 지하철 노선도, 파리 지도, 번지 표기방식
2	**(홈스테이 사람들과 인사, 소개)** **의사소통 과제:** 처음 대면하기 **의사소통 기능:** 인사, 소개 - 이름, 국적 말하기 Salut! Bonjour! Bonjour, Madame! Ça va? / Comment ça va? - Ça va (très bien). Comment vas-tu? - Je vais (très) bien, et toi? Comment allez-vous? - Je vais (très) bien, et vous?

Je m'appelle Suji. Je suis Suji.
Je suis coréenne.
Et toi? / Et vous?

언어행위 요소:
- 주택(거주지)과 관련된 어휘 읽기
rez-de-chaussée, chambre, salle, lit, toilettes, fenêtre, porte, ascenceur, escalier, banlieue, ville

- 인물묘사에 관한 짧은 글 읽기

Nicolas est français. Il a 19 ans. Il habite à Paris prés de chez moi. Il est très gentil et il aime la musique.

어휘: aller, bonjour, bonsoir, ça va, comment, être, madame, mademoiselle, monsieur, moi, toi, tu, vous, s'appeler

문법: 주격 인칭대명사 je, tu, vous, 강세형 인칭 대명사, moi, toi, vous, 동사 être, s'appeler, aller 현재

문화: 호칭, 인사법, bisou, 프랑스인의 일과 직업, 프랑스의 주택, 주택구조

(학교 등록)

의사소통 과제: 정해진 양식에 이름, 날짜, 주소, 국적 쓰기, 알림판 이해

의사소통 기능: 시간 묻고 답하기
Quelle heure est-il?
Vous avez l'heure?
Il est dix heures.
Il est midi moins le quart.
Ça commence à quelle heure?

언어행위 요소
- 등록 양식 쓰기

Nom	_____
Prénom	_____
Né(e) le	_____
Nationalité	_____
Adresse	_____

---

131) http://www.ratp.info/orienter/f_plan.php 참조.

- 게시판의 알림 읽기

> <Annonce>
> Le cours de 'fréquence jeunes' commence à la salle 15.
> lundi-jeudi: A 11h.
> vendredi: A 10h(spécialement pour le cinéma)

3

어휘: à, adresse, date, heure, le(la, les), midi, nationalité, nom, pays, prénom, quart, quel(quelle, quels, quelles), 기수 0-24

문법: 정관사, avoir, commencer 변화, 의문 형용사 quel, 날짜 쓰는 방법, 비인칭 주어 il, 수형용사, 단수와 복수

문화: 프랑스의 고등학교, 학교제도, 바캉스, 시간 말하기 방식

(알리앙스 구내식당에서 식사, 소르본 대학 견학)
의사소통 과제: 식사하기

의사소통 기능: 주문하기
Bonjour! / Madame? / Qu'est-ce que vous voulez?
- Deux cafés, s'il vous plaît!
- Je voudrais ça et ça(un steak-frites et un coca).

언어행위 요소
- 간판의 이해, 메뉴 이해: bistro, brasserie, restaurant
- 음식, 음료, 식사와 관련된 어휘 읽기

4

> addition, appétit, baguette, bouteille, céréale, couteau, cuisine, café, carte, croissant, déjeuner, dîner, fromage, pain, fourchette, eau, jus, vin, steak, poulet, poisson, pomme, restaurant, frites, menu, table, entier, moitié, soupe, salade

어휘: boire, bouteille, café, carte, coca, eau, et, finir, frites, jus, manger, menu, poulet, qu'est-ce que, vin, vouloir

문법: Qu'est-ce que+주어 동사 의문문, manger, finir, vouloir 변화, 부분관사

문화: 레스토랑, 브라스리, 비스트로, 카페, 패스트푸드점, 카페테리아, cantine, 대학 식당, menu와 carte, 프랑스인들의 식생활, 아침 식사, 저녁 식사, 식사시간, 대학, 그랑제콜

5	**(필요한 물건 사기)** **의사소통 과제**: 광고전단 이해하기, 가격표 보기, 물건 사기 **의사소통 기능**: 가격 묻기 C'est combien? Ça coûte combien? Je voudrais ça et ça. Vous acceptez les cartes? **언어행위 요소** - 가격표 읽기 - 광고 전단 읽기 - 영수증 읽기 Carte Bancaire Le 29/07/2010, 22h 15m PH Gare de l'Est 75 Paris 10 Montant = 87.00 EUR Ticket client **어휘**: accepter, bon marché, carte, cher, combien, coûter, euro, faire, prix **문법**: 동사 coûter, faire 현재, 숫자 1-100 **문화**: 서점, 기념품 가게, 슈퍼마켓, 대형 쇼핑몰, 백화점, 유로화
6	**(루브르박물관 관람)** **의사소통 과제**: 지도에서 루브르박물관 위치 찾기, 전철역 찾기, 약속 정하기 **의사소통 기능**: 약속 정하기, 위치 묻기, 기호 말하기 Tu es libre cet après-midi? Tu veux aller au musée du Louvre avec moi? D'accord. Je l'aime bien. On se voit où? Où sont les toilettes? Où est l'entrée? **언어행위 요소**: - 파리 지도 보기 - 지하철 노선도 보기

- 입장권 읽기

<table>
<tr><td rowspan="2">6</td><td>

Louvre
www.louvre.fr

Louvre
9.00 €   Valable le 30/07/2010
(Y compris au musée Delacroix avant 17h)

</td></tr>
<tr><td>

어휘: aimer, avec, après-midi, d'accord, devant, libre, on, où, toilettes

문법: 지시형용사, 축약관사

문화: 파리의 명소, 박물관, 기념물, 거리

</td></tr>
<tr><td rowspan="1">7</td><td>

(한국의 가족과 친구에게 안부 전하기)
의사소통 과제: 프랑스에서 한국으로 전화하기, 이메일 보내기, 엽서 보내기

의사소통 기능: 엽서 보내기, 요청하기
Je voudrais envoyer cette carte.
Il faut payer 2 euros 10.

언어행위 요소
- 표지판, 간판(공중전화, 우체국) 읽기: réception, téléphone
- 약어 읽기 및 이해: M, PTT, RER, SNCF, TGV, S.V.P

어휘: carte, envoyer, falloir, poste(PTT), téléphone

복합과거: 주어 avoir+p.p.
동사 envoyer, devoir 현재

문화: 공중전화, 이메일, 우체국 PTT

</td></tr>
<tr><td>8</td><td>

(은행이나 환전소에서 환전하기)
의사소통 과제: 환전하기

의사소통 기능: 환전하기, 요청
Je voudrais échanger ce chèque en euros.
Qu'est-ce que je dois faire?
Votre passeport, s'il vous plaît!

언어행위 요소: 표지판, 간판 읽기 - Bank, Change, BNP, la Société Générale

어휘: chèque, devoir, échanger, en, habiter, passeport

</td></tr>
</table>

8	**문법**: 소유형용사, 동사 ouvrir, échanger, habiter, 전치사 en **문화**: 은행, 환전소, 신용카드 Carte Bleue
9	**(여행계획 세우기)** **의사소통 과제**: 여행 계획 세우기, 날씨 알아보기 **의사소통 기능**: 자신의 의사 표현, 날씨 묻고 대답하기 C'est la carte de la France. Où est-ce qu'on peut aller? Il y a des villes intéressantes. Quel temps fait-il? Il fait beau. Il pleut souvent. Il fait très chaud. **언어행위 요소**: 프랑스 지도 보기, 주요 도시 찾아보기, 일기예보 지도 보기[132]  **어휘**: aller, beau, carte, chaud, froid, il y a, intéressant, neiger, plan, pleuvoir, souvent, temps, très, vent, ville **문법**: il y a 구문, aller, faire 변화, 의문 형용사 quel, 근접미래 **문화**: 프랑스 지도, 지방 도시, 관광지, 프랑스의 기후와 날씨, 일기예보 지도

---

132) 그림 출처: Le nouveau sans frontières, p.164.

의사소통 과제: 기차나 TGV 타기, 표 사기

의사소통 기능: 요청, 되묻기
Je voudrais un billet pour Nice.
Aller-retour?
Pardon?

언어행위 요소
- 기차 시각표 보기
- 플랫폼 확인하기
- 표지판 읽기
- 기차표 읽기

10

SNCF	BILLET à composter avant l'accès au train	
	PARIS → AVIGNON	01 adulte
	UTILISABLE du 29/07 au 27/09/2010	
--		
De Paris à Avignon		Classe 2
Tarif normal		Prix Eur **89.00

어휘: aller-retour, billet, pour, pardon, voie, quai

문법: 동사 partir

문화: 프랑스의 교통, SNCF, TGV, 기차역, 기차 시각표, 플랫폼

지금까지 PA에 입각한 새로운 프랑스어 교수·학습 내용을 구성하여 보았다. 기존의 AC에 근거한 교수·학습 내용은 학습자들이 정형화된 의사소통 기능을 학습하고 이를 실제 사용에 적용 및 재생산하는 것으로서, 언어의 학습과 사용이 분리되어 있어 실제 언어 사용 기회가 없고, 의사소통 기능의 숙달이 힘든 프랑스어 학습자들의 흥미를 감소시키는 면이 있었다. 또 의사소통 기능에 치중하기 때문에 학습자들에게 꼭 필요하다고 생각되는 기초적인 언어요소들이 소홀히 되어 학습자들은 언어적인 지식도 충분히 갖추지 못하고 의사소

통도 할 수 없는 상황에 이르렀다고 할 수 있다. 따라서 의사소통 상황을 가정하고 상황에 필요한 의사소통 기능을 미리 결정한 다음, 이를 학습자들에게 가르치는 AC의 방식[133]을 지양하고 과제의 개념을 도입하여 학습자들이 자기 일로 받아들일 수 있는 과제를 선정하고 과제 수행에 필요한 학습 내용을 결정하였으며, 이 내용을 바탕으로 교수요목으로 구성하였다.

또 의사소통 과제에서는 발화자와 발화 상대자 상호 간의 대화를 전제로 하는 의사소통 기능뿐만 아니라 언어행위 요소를 강조하고자 하였다. 과제 수행은 반드시 두 사람 이상의 대화를 통해서만 이루어지는 것이 아니라 행위자 자신이 목표어 사용 환경에서 발견하는 여러 가지 지표들을 이해함으로써 이루어질 수 있기 때문이다. 그런데 결정된 교수요목의 내용은 비록 의사소통 기능이라 하더라도 읽기 활동을 중심으로 학습되어야 한다. 읽기는 앞서 정해진 시간 내에 프랑스어 학습자들이 가장 원활히 할 수 있는 활동임을 논의한 바 있다.

제5장에서는 행위 중심 관점에 기초를 둔 프랑스어 교수·학습 내용을 결정하고 새로운 교수요목을 제시하였다. AC에 근거한 교수·학습 내용은 학습자들이 정형화된 의사소통 기능을 학습하고 이를 실제 사용에 적용 및 재생산하는 것으로서 언어의 학습과 사용이 분리되어 있어 실제 언어 사용 기회가 없고 의사소통 기능의 숙달이 힘든 학습자들의 흥미를 감소시키는 면이 있었다. 또 의사소통 기능에

---

133) Widdowson은 일련의 기능을 원자화하여 가르치려는 AC의 시도는 기본적으로 하나의 훈련에 불과하며 결국 제한된 의사소통 기능의 목록화로 끝날 것이라고 주장하였다. 결국, 이것은 학습자가 '숙어집'을 외우는 것과 다를 것이 없으며 이러한 학습 활동으로는 의사소통 능력을 개발할 수 없게 된다(1984, Nunan, 1999:154에서 재인용).

치중하기 때문에 학습자들에게 꼭 필요하다고 생각되는 기초적인 언어 요소들이 소홀히 되어 학습자들은 언어적인 지식도 충분히 갖추지 못하고 의사소통도 할 수 없는 상황에 이르렀다고 할 수 있다. 의사소통 능력의 향상만을 요구하여 실제 학습자의 요구와 필요를 반영하지 못하고 정해진 시간 내의 학습 가능성을 고려하지 못한 측면도 있었다.

목표어의 성격과 사회적 위상, 학습자의 요구에 따라 학습자가 도달할 수 있는 언어수준과 학습 내용은 다른데, 현재 고등학교 상황에서는 의사소통 기능보다는 발음과 어휘, 문법에 대한 정확한 학습이 필요하다. 정확한 학습에는 많은 시간이 필요하게 되므로 대체로 학습량은 축소되어야 한다는 결론에 이르게 되었다. 따라서 문제의 해결을 위하여 CECR가 제시하는 6단계의 참조범주와 유동적 분지모델을 기초로 새로운 교수·학습 내용을 구성하였는데, 이 과정에서 제3장과 제4장에서 밝힌 학습자와 교수자의 요구와 필요를 반영하고 학습 가능성을 고려하고자 하였다. 이는 의사소통 상황을 가정하고 상황에 필요한 의사소통 기능을 미리 결정한 다음 이를 학습자들에게 가르치는 AC의 방식을 지양하고 과제의 개념을 도입하여 학습자들이 자기 일로 받아들일 수 있는 과제를 선정하고 과제 수행에 필요한 학습 내용을 결정하였으며, 이 내용을 바탕으로 교수요목으로 구성한 것이다. 의사소통 과제에서는 발화자와 발화 상대자 상호 간의 대화를 전제로 하는 의사소통 기능뿐만 아니라 언어행위 요소를 강조하고자 하였다. 과제 수행은 반드시 두 사람 이상의 대화를 통해서만 이루어지는 것이 아니라 행위자 자신이 목표어 사용 환경에서 발견하는 여러 가지 지표들을 이해함으로써 이루어질 수 있기 때문이다.

여건상 고등학교 프랑스어 교육의 목표를 성인의 학습 목표와 동일한 수준으로 설정할 수 없으므로 주로 읽기를 통한 의사소통을 교육 목표로 설정하였다.

특히 다음과 같은 사항을 강조하고자 하였다.

첫째, 언어 재료 가운데에서는 어휘를 강조한 학습이 되어야 한다. 프랑스어에서 의사소통은 대부분 어휘나 매우 짧은 단문 수준에서 이루어질 수밖에 없고, 상황에 적절히 대처하기 위해 간판, 표지판 등의 이해가 매우 중요하며, 이는 어휘 차원의 이해를 요구한다.

둘째, 언어적 요소와 마찬가지로 문화의 이해가 매우 중요하다. 과제 수행을 위해 이루어지는 언어 행동 맥락에서 문화적 요소의 이해가 중요한데, 이는 실제 경험 없이는 체득하기 어렵기 때문이다.

셋째, 듣기와 말하기가 어려우므로 의사소통 활동에서는 읽기를 가장 강조하였다.

외국어 학습의 궁극적 목적은 해당 언어의 학습자가 언어 사용 맥락에서 적절히 대처하고 행동하여 자신의 행위 목적을 달성하는 데 있다. 그렇다면 언어 사용에서는 주어진 상황의 이해가 먼저 요구되고, 다음으로 원어민과 기초적인 수준에서 구어로 의사소통할 수 있는 능력이 요구된다. 그러나 구어 중심의 의사소통 능력을 함양하는 데 치중하여 읽기와 기본적인 문법 습득에 소홀해서는 안 된다. 학습 초기 단계에서는 읽기에 좀 더 노력을 집중한다면 일회성 발화가 아닌 보다 지속성이 있는 언어능력을 키울 수 있다.

맺음말

외국어 학습은 시대가 요청하는 과제이면서 동시에 수행하기 어려운 기나긴 과정이다. 그러나 다른 언어의 습득은 한 개인의 삶의 지평을 넓히고 더 나아가서 편협하기 쉬운 한국 사회의 가치관과 시각을 확장하는 것이 분명하므로 의미가 있는 일이다. 그러므로 외국어 학습이 어떻게 이루어지는가, 또 어떻게 하면 더 효율적으로 이루어질 수 있을까 하는 점은 우리 모두의 관심사가 된다.

프랑스어 습득은 어렵다. 언어를 사용하는 환경과 문화가 매우 다르고 실제 언어를 사용할 기회가 없기 때문이다. 특히 고등학교 학습자들은 프랑스어 학습에 모든 노력과 시간을 투자할 수 없는데다 경험이 부족하고 인지 능력이 완전히 개발되지 않은 상태이므로 학습에 어려움을 겪는다. 당연한 것으로 받아들여지는 '의사소통 능력의 함양'이라는 외국어 교수·학습의 목적은 외국어를 배워 실제 말을 할 수 있어야 한다지만 제한된 학습시간과 많은 학급당 인원수, 입시를 위주로 한 교육환경 속에서는 이 목적의 달성이 절대 쉽지 않다. 현실적으로 프랑스어 교육을 바라보고 좀 더 흥미롭고 효율적인 방법으로 수업을 개선하는 것이 필요한 때다.

이 책에서는 프랑스어 교육의 기초가 되고 있는 교수이론과 학습자들의 만족도 및 요구, 교육과정이 기반을 둔 의사소통 접근법에 의한 학습 과정에서의 학습자 오류를 살펴보았다. 그리고 이러한 논의를 바탕으로 새로운 교수이론인 행위 중심 관점에 기반을 둔 교수요목을 제시하였다.

영어와 프랑스어, 일본어를 학습한 입장에서 비교적이고 상대적인 관점으로 논의를 시작하였다. 그러므로 한 언어만을 학습하고 가르친 경험을 가진 연구자에 비해 프랑스어 교육의 현재를 더 객관적으로 관찰한 것으로 생각한다. 프랑스어 교육 발전을 위한 하나의 시각이자 노력으로 보아 주시길 부탁한다. 그리고 프랑스어 교육 연구자와 학습자들에게 좋은 참고자료가 되기를 기대한다.

참고문헌

<국내 서적 및 논문>

김미연(2011), 「한국 일반계 고등학교 학습자를 위한 프랑스어와 일본어 교수
·학습 방안 연구」, 서울대 박사학위 논문.

김정환(2003), 『교육연구 및 통계방법』, 원미사.

김혜경(2000), 「외국어 독해활동과 학습자들의 사회적 표상」, 『외국어 교육 연
구 논집』, 한국 외국어대학 언어연구소, pp.75-92.

박옥줄(1993), 「한국인의 구화불어 습득을 위한 불어 필수문법의 선정(Ⅰ)」, 『
한국 불어불문학 연구』 제28집, 한국 불어불문학회, pp.431-443.

심봉섭(2003), 「외국어 교육에서 의사소통 능력 신장 방안」, 『프랑스 어문교육』
제16집, 한국 프랑스 어문교육학회. pp.29-53.

서울대 연구소(1998), 『교육학 대백과사전』, 하우동설.

성태제(2008), 『교육 연구 방법의 이해』, 학지사.

이근님(2001), 「제2외국어 교육의 문제점과 발전 방안」, 『외국어 교육연구』 4
집, 서울대 외국어 교육 연구소, pp.87-105.

이정민(2007), 「프랑스어 교실수업에 대한 이해」, 『프랑스 어문교육』 제24집,
한국 프랑스 어문교육학회, pp.149-181.

한국불어불문학회(2001), 『불한중사전』, 삼화출판사.

<외국 서적 및 논문>

Bailly, D. (1998), «Didactique scolaire: Le rôle de la conceptualisation grammaire dans
l'apprentissage de la compréhension et de l'expression en langue étrangère»,
Études de linguistique appliquée n° 111, Didier, pp.325-344.

Barrière, I. (2003), «Des systèmes d'évaluation en FLE», http://www.edufle.net/

Des-systemes-d-evaluation-en-FLE?var_recherche=barriere

Beacco, J.-C. et al (2005), *Niveau A1.1 pour le français/référentiel et certification(DILF) pour les premiers acquis en français*, Didier.

Beacco, J.-C. et al (2007), *Niveau A1 pour le français / un référentiel*, Didier.

Besse, H. (1982), «Eléments pour une didactique des documents littéraires», *le français dans le monde*, n°166, pp.55-63.

Berns, M. (1984), Review of the book the Functional-Notional Approach: From Theory to Practice, *TESOL Quarterly* 18, pp.325-329.

Bourguignon, C. (2006), «De l'approche communicative à l'approche communic-actionnelle: une rupture épistémologie en didactique des langues-cultures», *Synergie Europe n°1 La richesse de la diversité: recherche et réflexions dans l'Europe des langues et cultures*, pp.58-73.

Bourguignon, C. (2007), «Apprendre et enseigner les langues dans la logique actionnelle: le scénario d'apprentissage-action»,

http://www.aplv-languesmodernes.org/article.php3?id_article=865.

Bourguignon, C. (2008), «Enseigner les langues dans la logique actionnelle: le scénario d'apprentissage-action», Ecole normale supérieure rue d'Ulm, 15 Novembre 2008,

http://cerimes.cines.fr/3517/load/documents//utm/Bourguignon.pdf

Boyer, H. (2001), «L'incontournable paradigme des représentations partagées dans le traitement de la compétence culturelle en français langue étrangère», *International Review of Applied Linguistics* n° 123-124, pp. 333-340.

Brown, H. D. (2007), *Principles of language Learning and Teaching*, Prentice Hall Regents.

Bucher-Poteaux (1998), «Savoir raison garder», *Études de linguistique appliquée* n°111, pp.315-324.

Burt, M. & Kiparsky, C. (1972), *The gooficon: A repair manual for English*. Rowley, MA: Newberry House.

Canale, M. & Swain, M. (1980), «Theoretical bases of communitive apporaches to second language teaching and testing», *International Review of Applied Linguistics* 1, pp.1-47.

Chomsky, N. (1965), *Aspects of the theory of syntax*, The M. I. T. Press.

Collès, L. et al (2006), *Quelle didactique de l'interculturel dans les nouveaux contextes du FLE*, Cortil-Woden: EME.

Conseil de l'Europe (2001), *Cadre Européen Commun de Référence pour les Langues*, Didier.

Corder, S. Pit (1967), «The significance of learner's errors», *International Review of Applied Linguistics* 5, pp.147-159.

Corder, S. Pit (1981), *Errors Analysis Interlanguage*, Oxford University.

Cummins, J. (2000), «Putting language proficiency in its place: Responding to critiques of the conversational/academic language distinction», in J. Cenoz and U. Jessner (eds.) *English in Europe: The acquisition of a third language.* Clevedon: Multilingual Matters,

http://www.iteachilearn.com/cummins/converacademlangdisti.html

Cuq, Jean-Pierre et al. (2003), *Dictionnaire de didactique du français-langue étrangère et seconde,* Clé international.

Dabène, L. (1997), *L'image des langues et leur apprentissage,* PUF.

De Pietro et al (2000), «Pour une didactique de l'oral, ou: L'enseignement apprentissage est-il une 'Macro-Séquence petentiellement acqusitionnelle'?», *Études de linguistique appliquée* n°120, pp.461-474.

Dulay, H. C. & Burt, M. K. (1974), «Errors and Strategies in child second language acquisition», *TESOL Quarterly* vol. 8-2, p.129-139.

Finocchiaro M. et al. (1983), *The Functional-notional Approach. From theory to practice,* Oxford University Press.

Flowerdew, J. & Peacock, M. (2001), *Research perspectives on English for academic purposes,* Cambridge University.

Fries, C. (1945), *Teaching and Learning English as a foreign language,* Ann Arbor: The University of Michigan Press.

Galisson, R. et Coste, D (1976), *Dictionnaire de didactique des langages,* Hachette.

Galisson, R. (1980), *D'hier à aujourd'hui la didactique des langues étrangères: du structuralism au fonctionalism,* Clé international.

Galisson, R. (1988), «la culture partagée: une monnaie d'échange interculturel», *le français pour demain* n°32, pp.83-87.

Galisson, R. (1998), «Le Français langue étrangère montera-t-il dans le train en marche de la Didactique scolaire?», *Études de linguistique appliquée* n° 111, Didier, pp.265-286.

Gardner, R. and Lambert, W. (1972), *Attitudes and Motivation in Second-Language Learning,* Rowley, Ma.: Newbury House.

Germain, C. (1993), *Évolution de l'enseignement des langues: 5 000 ans d'histoire,* CLE international.

Gougenheim G. et al. (1964), *L'élaboration du français fondamental(1er degré)*, Didier.

Holec, H. (1979), «Prise en compte des besoins et apprentissage auto-dirigé», *Mélanges pédagogiques,* n° 10, pp.49-64.

Holec, H. (1981), «A propos de l'autonomie, quelques éléments de réflections», *Études de linguistique appliquée,* n° 41, Didier, pp.7-23.

Hymes, D. H. (1972), «On communitive competence». In Pride, J. B. & Holmes, J.(Eds.), *Sociolinguistics,* Harmondsworth: Penguin.

James, C. (1998), *Errors in language learning and use: exploring error analysis,* Longman.

Jodelet, D. (1989), «Représentations sociales: un domaine en expansion», in Jodelet, D, *les représentations sociales,* PUF.

Keller, J. M. (1983), «Motivation design of instruction», In Reigeluth, C. M.(Ed.), *Instructional-Design Theories and Models: An overview of their status*, Hillsdale, Lawrence Erlbaum Associates.

Lado, R. (1961), *Language Testing: The construction and use of foreign language Tests*, Longman.

Lennon, P. (1991), «Error: Some problems of definition, identification and distinction», *International Review of Applied Linguistics* 12, pp.180-196.

Lund, B. & McGechaen, S. (1981), *Programmer's Manual. Continuing Education Division.* Ministry of Education. Victoria.

Mondana, L. (1998), «De l'analyse des représentations à l'analyse des activités descriptives en contexte», *Cahiers de praxématique* n° 31, pp. 127-148.

Moscovici, S. (1961), *La psychanalyse, son image et son public,* PUF(2ème Ed, 1976).

Nunan, D. (1989), *The Learner-Centered Cirriculum,* Cambrige.

Nunan, D. (1999), *Second language teaching and learning,* Heinle & Heinle Publishers.

Nuttin, J. (1985), *Théorie de la motivation humaine*, PUF.

Odlin, T. (1989), *Language Transfer, Cross-linguistic influence in language learning,* Cambridge University Press.

Oller, J. W. and Ziahosseiny, S. M. (1970), «The contrastive and analysis hypothesis and spelling errors», *Language Learning* n° 20, pp.183-189.

Porcher, L. (1982), «L'enseignement de la civilisation en questions», *Études de linguistique appliquée,* n° 47, pp.39-49.

Porquier, R. et al (1991), *Grammaire et didactique des langues,* Hatier/Didier.

Puren, C. (1998), «Didactique scolaire des langues vivantes étrangères en France et Didactique française du Français Langue Étrangère», *Études de linguistique appliquée* n° 111, Didier, pp.359-383.

Puren, C. (2004), «L'évolution historique des approches en didactique des langues-cultures ou comment faire l'unité des unités didactiques», Congrès annuel de l'Association pour la Diffusion de l'Allemand en France(ADEAF).

Puren, C. (2006), «Le Cadre européen commun de référence et la réflexion méthodologique en didictique des langues-cultures: un chantier à reprendre», http://www.aplv-languesmodernes.org.

Puren, C. (2008a), Formes pratiques de combinaison entre perspective actionnelle et approche communicative: analyse comparative de trois manuels, http://www.aplv-languesmodernes.org.

Puren, C. (2008b), Perspective actionnelle, et perspective professionnelle: Quelques éléments de réponse à quelques questions sur la réforme en cours, http://www.aplv-languesmodernes.org.

Puren, C. (2009), De l'approche communicative à la perspective actionnelle, Séminairede Formation en Didactique du FLE, Athènes, 10-11, janvier 2009, http://www.aplv-languesmodernes.org.

Py, B. (2000), «Didactique des langues étrangères de recherches sur l'aquisition», Les conditions d'un dialoque, *Études de linguistique appliquée* n° 120, pp.395-404.

Richards, J. (1971), «A non-contrastive approach to error analysis», *English Language Teaching,* Vol. 25-3, In Richards, J.(eds. 1997): *Error Analysis: Perspectives on Second Language Acquisition*, Longman.

Richterich, R. (1985), *Besoins langagiers et objectifs d'apprentissage*, Hache.

Rosen, E. (2007), *Le cadre européen commun de référence pour les langues,* CLE international.

Schachter, J. & Marianne, C. (1977), «Some reservation concerning error analysis», *TESOL Quartly,* vol. 11-4, pp.441-451.

Selinker, L. (1974), «Interlanguage», In Richards, J.(eds. 1997:31-54): *Error Analysis - Perspectives on Second Language Acquisition,* Longman.

Selinker, L. (1975), «The interlanguage hypothesis extended to children», *Language Learning* 25/1, pp.139-152.

Skinner, B. F. (1953), *Science and Human behavior*, New York, Macmillan Publishing Company.

Takagaki, Y. (2000), «Des phrases, mais pas de communication. Problème de l'organisation textuelle chez les non-Occidentaux: le cas de Japonais», Université préfectoriale d'Osaka, *Dialogue et Culture* n° 44, FIPF, pp.84-91.

Tran-Thi Chau (1975), «Error Analysis, Contrastive Analysis and Students Perception: A Study of Difficulty in Second Language learning», *International Review of Applied Linguistics* 3, 2, pp.119-141.

Véronique, D. (2000), «Recherche sur l'apprentissage des langues étrangères: Friches et chantiers en didactique des langues étrangères», *Études de linguistique appliquée* n° 120, pp.405-417.

Véronique, D. et al (2009), *l'acquisition de la grammaire du français langue étrangère*, Didier.

Wardhaugh, R. (1970), «The contrastive analysis hypothesis», *TESOL Quarterly*, vol.4-2, pp.123-130.

<교육부 자료>

교육인적자원부(1997), 고등학교 교육과정 해설 12-외국어(독일어, 프랑스어, 스페인어, 중국어, 일본어, 러시아어, 아랍어).

교육인적자원부(2008), 고등학교 교육과정 해설 12-외국어(독일어, 프랑스어, 스페인어, 중국어, 일본어, 러시아어, 아랍어).

교육인적자원부 학교정책 추진단(2007), 국민의 영어 역량 제고를 위한 영어교육 혁신방안. 교육과학기술부(2009), 2009 개정 교육과정, 초·중등학교 교육과정 총론-교육과학기술부 고시 제2009-41호.

문교부(1988), 고등학교 외국어 교육과정 해설(독일어, 프랑스어, 스페인어, 중국어, 일본어, 러시아어).

<교과서>

곽광수 외(2003), 『Le Français I』, 천재교육.

김용숙 외(2003), 『Le Français I』, 교학사.

송정희 외(2003), 『Le Français I』, 지학사.

원윤수 외(2003), 『Le Français I』, 삼화출판사.

조규철 외(2003), 『Le Français I』, 민중서림.

조항덕 외(2003), 『Le Français I』, 박영사.

<인터넷 사이트>

교육과학기술부: http://www.mest.go.kr/main.do
서울시교육청 교육통계연보: http://statistics.sen.go.kr/
학교 알리미: http://www.schoolinfo.go.kr/index.jsp
APLV: http://www.aplv-languesmodernes.org/
Canal U: http://www.canal-U.educaiton.fr/
Cines: http://cerimes.cines.fr/
DCL-Le Diplôme de compétence en langue: http://www.d-c-l.net/
Education Resources Information Center: http://www.eric.ed.gov/
ÉduFLE.net: http://www.edufle.net/
éduscol: http://eduscol.education.fr/
I teach I learn.com: http://www.iteachilearn.com/
RATP aimer la ville: http://www.ratp.info
wikipedia: http://ja.wikipedia.org/

부록

부록 1. 학습자 및 교수자 설문지

<고등학교 제2외국어과 학습자 및 교수자 설문>
- 제2외국어 수업에 대한 만족도 조사

* Ⅰ- Ⅳ까지의 문항에 대해서 다음 기준에 의해서 답해 주십시오.

전혀 그렇지 않다	←	보통이다	→	매우 그렇다
1	2	3	4	5

Ⅰ. 교육과정에 대한 만족도 조사 내용

영역	문항	내용
교육 과정	1	교과서 내용은 흥미롭다.
	2	교과서의 학습량은 기초 능력을 키우는 데 충분하다.
	3	교과서 구성이 학습자들의 참여를 유도하게 되어 있다.
	4	주당 수업시간은 적당하다.
	5	대학 입시에는 적당한 정도로 반영되고 있다.
	6	고등학교 2학년 때부터 제2외국어를 배우기 시작하는 것은 적절하다.

Ⅱ. 학습환경에 대한 만족도 조사 내용

영역	문항	내용
학습 환경	7	과목 학습을 위한 자료와 정보 수입이 쉽다.
	8	해당 외국어를 학습하여 사용할 기회는 많다.
	9	교실에 멀티미디어 기기는 잘 준비되어 있다.
	10	제2외국어 과목은 중요하게 다루어지고 있다.

III. 학습자 행동에 대한 만족도 조사내용

영역	문항	내용
학습자 행동	11	제2외국어 과목을 자발적인 의지로 선택하였다.
	12	제2외국어 수업이 중요하다고 생각한다.
	13	수업태도가 바르며 적극적으로 참여한다.
	14	수업준비 및 예습, 복습을 잘한다.
	15	제2외국어 학습이 미래에 유익하다고 생각한다.

IV. 교수자 행동에 대한 만족도 조사

영역	문항	내용
교수자 행동	16	수업을 흥미롭게 구성한다.
	17	페어 활동, 팀 활동, 역할극 등을 도입한 수업을 한다.
	18	발음지도를 잘한다.
	19	듣기, 말하기 능력이 향상되도록 수업을 한다.
	20	읽기, 쓰기 능력이 향상되도록 수업을 한다.
	21	충분한 문법지식을 전달한다.
	22	해당 국가의 문화적인 측면을 잘 소개한다.
	23	적절한 교수도구(멀티미디어 기기-컴퓨터, 카세트 등)를 사용한다.
	24	수업에 도움이 되는 수업자료(잡지, 광고, 영화, 애니메이션 등)를 사용한다.

<고등학교 제2외국어과 학습자 및 교수자 설문>
- 제2외국어 수업에 대한 태도 및 요구 조사

Ⅰ. 표상조사

1. 현재 배우고 있는 언어 사용 국가, 언어, 사람에 대한 생각(이미지 등)을 자유롭게 기술하시오.

Ⅱ. 선행 학습 조사

2. 해당 제2외국어를 고등학교에서 배우기 이전에 학습한 적이 있습니까?
① 예 (   )   ② 아니오 (   )

3. 위에서 '예'라고 답한 경우 어떤 경로로 배웠습니까?
① 중학교 수업시간에 (   )
② 학습지를 통하여 (   )
③ 관심이 있어서 혼자 공부 (   )
④ 부모님이나 주변 사람들을 통해 (   )
⑤ 현지 체류 경험을 통해 (   )
⑥ 기타 (   )

4. 해당 제2외국어를 고등학교에서 배우기 시작할 당시 해당 외국어의 실력은 어느 정도였습니까?

① 전혀 모른다 (   )

② 문자만 아는 정도 (   )

③ 쉬운 문장을 읽고 이해하는 정도 (   )

④ 쉬운 문장을 듣고 이해하는 정도 (   )

⑤ 간단한 대화 (   )

⑥ 원어민과 자유롭게 대화 (   )

⑦ 해당 외국어 자격증 소지 (   )

⑧ 기타 (   )

Ⅲ. 학습 동기 조사

5. 해당 외국어를 선택한 동기는 무엇입니까?

① 해당 언어 자체에 관심과 흥미가 있어서 (   )

② 국제이해, 타문화 이해를 위해서 (   )

③ 해당 국가의 문화에 관심이 있어서 (   )

④ 장래 진학, 진로, 취업을 위해서 (   )

⑤ 다른 제2외국어에 비해 쉬울 것 같아서 (   )

⑥ 다른 제2외국어에 비해 활용가치가 높을 것 같아서 (   )

6. 위에서 ⑤번을 골랐다면 아직도 그렇게 생각합니까?

① 예 (   )   ② 아니오 (   )

7. 제2외국어로 현재 배우고 있는 과목이 아닌 다른 언어를 선택한다면 무엇을 고르겠습니까?
프랑스어( ) 독일어( ) 스페인어( ) 러시아어( ) 중국어( ) 일본어( )
아랍어( )

IV. 의사소통 중심 접근법에 대한 요구조사

8. 현재 시행되고 있는 제7차 교육과정, 제2외국어 교과목의 교육목표인 '기초적인 의사소통 능력 배양'이라는 항목이 효율적이고 이상적이라고 생각합니까?
① 예 (   )   ② 아니오 (   )

9. 의사소통 중심 접근법의 장점은 무엇이라고 생각합니까?

10. 의사소통 중심 접근법의 단점은 무엇이라고 생각합니까?

V. 교육내용에 관한 요구조사

11. 현재 수업에서 더 강화해야 할 부분은 무엇이라고 생각합니까?
11-1. 듣기 (   )   말하기 (   )   읽기 (   )   쓰기 (   )
11-2. 발음 (   )
　　　어휘 (   )
　　　문자(철자, 악상기호 등) (   )
　　　문장구조(문법) (   )

의사소통 기본 표현 (　　)

문화 (　)

12. 교과서에 제시되는 어휘 수는 현행대로 제한되어야 한다고 생
각합니까?

① 예 (　　　)　　　　　　② 아니오 (　　　)

13. 교과서에 제시되는 어휘 수는 어느 정도가 적당하다고 생각합
니까?

① 500개 이하 (　)　　　　② 500~1,000개 (　)

③ 1,000~1,500개 (　)　　　④ 1,500개 이상 (　)

14. 현행 교과서에 나오는 의사소통 표현들은 적절하고 실제 사용
가능하다고 생각합니까?

① 예 (　　　)　　　　　　② 아니오 (　　　)

15. 교과서의 문화 내용이 충분하다고 생각합니까?

① 예 (　　　)　　　　　　② 아니오 (　　　)

16. 목표어(프랑스어)를 구사하는 국가의 문화 중 어떤 부분에 관심
이 있습니까? (관심분야 3곳에 표시해 주세요.)

① 사회문화 (　　　)

정치, 경제, 사회, 교육, 교통, 복지, 계층문화, 문화유산, 민족성
등(테제베, 박물관, 샤토, 바캉스, 에펠탑, 지하철 등)

② 환경문화 (   )

환경에 대한 인식, 태도, 자연관, 환경관

③ 언어행동문화 (   )

언어를 쓰는 방식, 사회적 표현 방법, 소개, 인사법, 호칭법, 존댓말, 대화 표현법, 속담, 격언, 유머, 제스처

④ 생활문화 (   )

행위의 규칙과 가치(예: 프랑스인의 검소한 생활태도 등)

⑤ 개인 생활문화 (   )

취미, 관심, 기호, 감사, 유감, 자신의 견해(영화, 드라마, 소설, 노래, 스포츠 등)

⑥ 일상생활문화 (   )

사고방식, 일상행위규칙, 인생관, 가치관, 시간준수, 대화, 방문, 작별, 선물, 예절(초대, 식사와 음식 등)

⑦ 가족생활문화 (   )

가족제도, 친족의 의미, 친족체계, 남녀관계

⑧ 사회생활문화 (   )

학교생활(친구, 교사, 급우 관계, 동아리 활동, 방학), 사회제도, 규범, 가치관, 도시와 시골생활

⑨ 통신문화 (   )

전화, 편지, 인터넷, 메일, SMS, 채팅

17. 수업방식으로 어떤 것이 좋다고 생각합니까?

① 교사의 설명 중심 (   )

② 학습자발표 중심-과제물 등 (   )

③ 짝 활동 중심 (　　　)

④ 소그룹 중심 (　　　)

⑤ 기타 (　　　　　　　　　　　)

18. 수업에 이용되는 도구는 어떤 것이 좋습니까?

① 교과서 (　　　)

② 교과용 CD나 테이프 (　　　)

③ 다양한 멀티미디어 자료 – 동영상, 영화 등 (　　　)

④ 그림, 도표, 신문, 잡지, 광고 등 실물자료 (　　　)

⑤ 기타 (　　　　　　　　　　)

19. 학습상 실수를 하였을 때 언제 고쳐주는 것이 좋습니까?

① 즉시, 모든 사람이 있을 때 (　　　)

② 수업이 끝난 다음에, 모든 사람이 있을 때 (　　　)

③ 나중에 개인적으로 (　　　)

Ⅵ. 학습수준에 관한 요구조사

20. 제2외국어 교과서 1권이 끝났을 때 학습자들이 어느 정도의 수준에 이르러야 한다고 생각하십니까?

부록 2. 학습자 언어 데이터

- 2000년 혜화여고 2학년 공개수업 역할극 대본[134)

1) 오류 예 (45)

1조: Au <u>marche</u>, 동대문

(Ils vont se marier. Ils veulent acheter quelques choses.)

철수: Allons au <u>marche</u> 동대문
영희: D'accord. Il faut acheter des rideaux et un drap.

(Au <u>marche</u>.)
(Ils choisissent des rideaux et des draps.)

영희: Bonjour!
철수: Je voudrais voir celui qui est en vitrine.
Madame: Oui.
영희: C'est fait à la main?
Madame: Oui.
철수: C'est exactement ce que je veux. J'en voudrais un comme ça.
영희: Ça fait combien?
Madame: Ça fait 55 euros.
영희: C'est trop cher.
철수: Mais je l'aime. La couleur est très jolie.
영희: Non. Je voudrais quelque chose de moins cher.
철수: 영희…… S'il te plaît.
영희: Non. Je n'aime pas ça. Je prends les rideaux verts.
철수: Eh……
영희: Est-ce que vous pouvez me l'envelopper?
Madame: Oui. Au revoir!

---

134) 역할극 대본은 특별히 공개수업을 위해 혜화여고 2학년 6반 학생들(56명)이 조별로 작성한 것이
다. 작성과정에서 교사의 도움이 있었다. 학생들이 제출한 대본은 교사가 한글 파일로 새로 작성
하였으며 수업 당시 학생들의 역할극 후 나모 프로그램을 이용해 공개하고 오류를 수정, 설명하
였다. 대본은 현재 파일로 보관되어 있다.

2) 오류 예 (2), (4), (44), (60), (69)

2조: Je t'invite chez moi.

　　수진: Bonjour!
　　선희: Bonjour!
　　수진: J'me appelle Kim Su-jin. Je suis étudiante.
　　선희: Je m'appelles Li Sun-hi. Je habite à Séoul.
　　수진: Moi aussi, je habite à Séoul. Tu veux venir chez moi?
　　선희: D'accord.

* * *

　　수진: C'est ma chambre.
　　선희: La chambre est grande et jolie.
　　수진: Oui, mon père a beaucoup d'argent.
　　선희: Il y a une caccette sur la table. A qui la caccette?
　　수진: C'est à ma sœur. On écoute la musique?

3) 오류 예 (46), (53)

3조: Au restaurant

　　웨이터 1: Bonjour. Que désirez-vous? Vous êtes combien?
　　손님 1: Nous sommes cing.
　　웨이터 2: Qu'est-ce que vous voulez?
　　손님 2: Quel est le plat spécial de ce restaurant?
　　웨이터 2: Nous avons du 'tornado', de la soupe de poissons, du
　　gâteau au chocolat. Il y a des pommes et des bananes aussi.
　　손님 3: Deux 'tornados', s'il vous plaît.
　　웨이터 3: Ce sera tout?
　　손님 3: Une banane, s'il vous plaît. J'aime bananes.
　　웨이터 1: Voilà votre repas. Bon appétit!

(40분 후)

손님 2: Quel est le prix de la course l?
웨이터 1: Ça fait 48 euros.
손님 2: Voici 100 euros.
웨이터 1: Voici votre monnaie. Je vous rends 52 euros.
손님 1: Au revoir.

김미연————————————————

　서울대학교 불어교육과 졸업
　서울대학교 외국어교육과(불어 전공) 석사
　서울대학교 외국어교육과(불어 전공) 박사
　2002 일본 국제교류기금, 서울대학교 일본어 교사 양성 과정 수료
　서울 노원고 · 잠신고 · 혜화여고 · 수락고 · 창동고 · 용마중 교사

　『(초급) 일본어 교육 방안』
　「조서의 주인공 아담 폴로의 탈주」
　「한국 일반계 고등학교 프랑스어와 일본어 교수 · 학습 방안 연구」

교수법 연구자를 위한

프랑스어 교육 입문

초판인쇄　2014년 10월 6일
초판발행　2014년 10월 6일

지은이　김미연
펴낸이　채종준
펴낸곳　한국학술정보㈜
주소　경기도 파주시 회동길 230(문발동)
전화　031) 908-3181(대표)
팩스　031) 908-3189
홈페이지　http://ebook.kstudy.com
전자우편　출판사업부　publish@kstudy.com
등록　제일산-115호(2000. 6. 19)

ISBN　978-89-268-6693-1 93760